IT售前工程师修炼之道

萝卜 冰雕 编著

清华大学出版社
北京

内 容 简 介

本书主要是为了帮助初级 IT 售前迅速成长为中高级 IT 售前的一本书。通过本书的学习，可以让初级 IT 售前学会"想"、学会"写"、学会"说"，为初级 IT 售前的继续成长打下了坚实的基础。

本书共 11 章，分为两部分。第 1 部分为 IT 售前技术，也是本书的理论部分，主要从 IT 售前必备的思维、能力和知识三个维度来介绍。第 2 部分为 IT 售前实战，主要让读者通过产品型售前案例、方案型售前案例和咨询型售前案例三大案例来体会实际的 IT 售前工作是如何开展的。

本书是一本理论和实战融为一体的售前图书，对于立志提高 IT 售前技术的初级售前具有很强的指导意义，对于 IT 高级售前也具有一定的帮助和启发。

本书封面贴有清华大学出版社防伪标签，无标签者不得销售。
版权所有，侵权必究。举报：010-62782989，beiqinquan@tup.tsinghua.edu.cn。

图书在版编目（CIP）数据

IT 售前工程师修炼之道/萝卜，冰雕编著. —北京：清华大学出版社，2016（2023.2重印）
ISBN 978-7-302-42058-3

Ⅰ. ①I… Ⅱ. ①萝… ②冰… Ⅲ. ①IT 产业-工业产品-市场营销学 Ⅳ. ①F764

中国版本图书馆 CIP 数据核字（2015）第 263605 号

责任编辑：冯志强
封面设计：欧振旭
责任校对：徐俊伟
责任印制：沈　露

出版发行：清华大学出版社
　　　网　　址：http://www.tup.com.cn, http://www.wqbook.com
　　　地　　址：北京清华大学学研大厦 A 座　　邮　　编：100084
　　　社 总 机：010-83470000　　邮　　购：010-62786544
　　　投稿与读者服务：010-62776969，c-service@tup.tsinghua.edu.cn
　　　质量反馈：010-62772015，zhiliang@tup.tsinghua.edu.cn
印 装 者：三河市铭诚印务有限公司
经　　销：全国新华书店
开　　本：185mm×230mm　　印　张：16.5　　字　数：281 千字
版　　次：2016 年 2 月第 1 版　　印　次：2023 年 2 月第 11 次印刷
定　　价：49.80 元

产品编号：066917-01

前　　言

21世纪信息化浪潮风起云涌，信息化与各个传统行业的结合愈加紧密，而IT售前这个岗位则是信息化与各个行业结合的桥梁，他一头连着客户，另一头连着公司的开发团队。

在客户眼中，IT售前是软件公司的技术代表；

在公司开发团队眼中，IT售前了解客户业务，是业务代表，是需求分析的先行者；

在搭档的销售人员眼中，IT售前人员从技术角度支持着销售业务的展开。

所以从不同的角度，可以看到不同的IT售前，注定IT售前是一个复合型的角色。笔者也是从初级IT售前做起，深知其中甘苦。对于一个初级IT售前而言，如果有一本入门书籍帮助提高，对于个人职业生涯的发展是极为有利的。但是市面上类似书籍又十分缺乏，所以萌发了写一本IT售前书籍，帮助初级IT售前尽快提高的想法。

1．一眼看懂本书的架构

本书整体上分为理论和实践两大部分。其中理论部分从思维、能力和知识三个维度进行阐述；实践部分则从产品型、方案型和咨询型售前三个角度进行实战分析。总体的想法是帮助初级IT售前构建一个比较完整的知识体系，辅之以实战案例分析，可以帮助初级IT售前明确自己的短板之所在，并明确自己以后的发展目标。本书知识体系图如图1所示。

2．IT售前的漫漫成长之路

售前五年成长历程如图2所示。

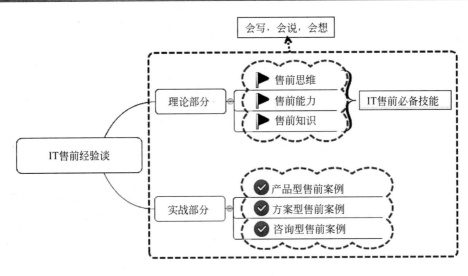

图 1　本书知识体系

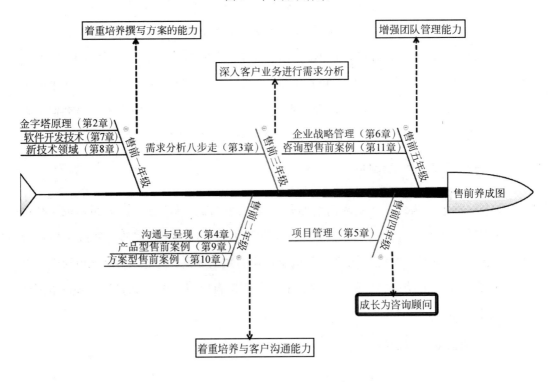

图 2　IT 售前成长之路

- **售前第一年**：刚接触到这个职位，你的心情兴奋又期待，但是实际情况可能会有些失望，因为大部分的工作都是在整理文档，很少有机会接触到客户。在这个时候，你应该从写方案入手，逐步变得擅长写方案，并了解公司的各项业务。这个阶段，可以看看本书的第 2 章"逻辑能力"、第 7 章"软件开发"和第 8 章的新技术领域。

- **售前第二年**：已经工作一年了，你对于公司里的人和事都逐渐熟悉起来了，写方案的水平也逐步提高了。公司可能会安排你和销售一起去见见客户，你作为售前负责技术问题的解答，有时候客户问的问题没有回答好，心里十分懊恼。这个阶段，可以看看本书的第 4 章"沟通"、第 9 章的产品型售前案例和第 10 章的方案型售前案例。

- **售前第三年**：经过了两年的时间，你的方案水平和与客户沟通能力已经得到了提高，公司也许不仅仅满足于只是让你做招投标的事务了，也许想让你更加深入的接触和分析客户的业务，有时候你也会做做需求分析的工作。这个阶段，可以看看本书第 3 章的需求分析八步走。

- **售前第四年**：你已经是一个成熟的售前了，不仅对客户业务清楚，而且还经常有自己独到的见解，已经具备了一个咨询顾问的素质了。有时候，你也会帮助客户做信息化规划，有点像客户的"军师"的角色。这个阶段，可以看看本书第 6 章的企业战略管理和第 11 章的咨询型售前案例。

- **售前第五年**：在这一年，公司可能又招聘了几个应届硕士生来做售前，让你来带一带，你有了自己的售前团队。自己做得好不等于能带团队带得好，所以你花了很多心思来琢磨如何带团队，如何保持一个团队的士气和前进的方向，可能会碰到一些挫折，但这些都只是成长的烦恼。这个阶段，可以看看本书第 5 章的项目管理。

3. 本书是否适合你

IT 售前是一个需要框架体系和技术储备的职业，需要的是复合型人才，很多人学习时无从下手，本书是市场上唯一一本完整的 IT 售前指导书，尤其适合以下读者：

- 初级 IT 售前顾问；

- IT 售前工程师；
- IT 实施人员；
- IT 销售人员；
- IT 项目经理；
- 开发人员转售前；
- 文档工程师；
- 软件测试工程师；
- 了解业务的网管；
- 售前技术支持工程师；
- 售前技术顾问；
- 即将毕业的软件学院学生。

4．本书作者

本书由萝卜和冰雕主笔写作。其他参与编写的人员还有李小妹、周晨、桂凤林、李然、李莹、李玉青、倪欣欣、魏健蓝、夏雨晴、萧万安、余慧利、袁欢、占俊、周艳梅、杨松梅、余月、张广龙。

本书写作历时半年，也是笔者的第一本拙作。虽然努力想将本书写得尽善尽美，但是限于时间和水平，不妥之处在所难免，如蒙读者指教，将不胜感激！

萝卜

2015 年 8 月

目　　录

第1部分　IT售前技术（思维、能力和知识）

第1章　别拿售前不当回事儿 ·· 2
1.1　我所认识的IT售前 ··· 2
    1.1.1　能干什么，还是什么都干 ································ 3
    1.1.2　会写，会说，会想 ······································ 3
    1.1.3　IT售前的知识体系 ······································ 4
    1.1.4　不想做CEO的售前不是好售前 ···························· 8
1.2　如何做好IT售前 ··· 9
    1.2.1　赢得领导的支持 ·· 9
    1.2.2　获得客户的肯定 ······································· 10
    1.2.3　营造团队的团结 ······································· 10
1.3　IT售前寄语 ··· 11

第2章　售前要有逻辑能力 ·· 12
2.1　如何提高表达逻辑 ··· 12
    2.1.1　"神秘"的金字塔逻辑训练 ······························· 13
    2.1.2　构建金字塔的方法 ····································· 16
2.2　增强思考逻辑好处多 ··· 21
    2.2.1　三种重要的逻辑顺序 ··································· 21

         2.2.2 要准确提炼中心思想 ··· 24
  2.3 解决问题的逻辑必须养成 ··· 27
         2.3.1 解决问题的思维框架 ··· 27
         2.3.2 如何把框架转化成序言 ······································· 27
         2.3.3 解决方案的写法（推荐） ····································· 29

第 3 章　售前要懂需求、会分析 ··· 30
  3.1 需求分析步骤解析 ·· 30
         3.1.1 第一步：用户访谈 ··· 31
         3.1.2 第二步：岗位职责分析 ······································· 32
         3.1.3 第三步：系统用户分析 ······································· 32
         3.1.4 第四步：用户场景分析 ······································· 32
         3.1.5 第五步：用户用例分析 ······································· 33
         3.1.6 第六步：功能需求分析 ······································· 33
         3.1.7 第七步：非功能需求分析 ····································· 34
         3.1.8 第八步：需求规格说明书 ····································· 34
  3.2 社区医院系统需求分析案例解析 ··· 35
         3.2.1 案例背景 ··· 35
         3.2.2 医院访谈调研 ··· 36
         3.2.3 岗位职责分析 ··· 39
         3.2.4 系统用户分析 ··· 40
         3.2.5 用户场景分析 ··· 40
         3.2.6 用户用例分析 ··· 45
         3.2.7 功能需求分析 ··· 49
         3.2.8 非功能需求分析 ··· 52
         3.2.9 需求规格说明书 ··· 53

第 4 章　售前要"能说"、"会道" ·· 54
  4.1 如何提高演讲能力 ·· 54

	4.1.1 演讲前的准备工作	55
	4.1.2 演讲时的注意事项	57
4.2	如何提高 PPT 的制作能力	58
	4.2.1 形成 PPT 思路	58
	4.2.2 使得 PPT 美观	60
4.3	如何更准确地运用图表	64

第 5 章 售前要具备领导力，要懂项目管理 … 69

5.1	如何培养领导力	69
	5.1.1 领导力是什么	69
	5.1.2 别人凭什么听你的	70
	5.1.3 如何做到心中有大局	71
	5.1.4 当断不断，反受其乱	72
	5.1.5 制定合理的业绩目标	72
	5.1.6 有人不服你，怎么办	73
	5.1.7 沟通、沟通、再沟通	73
5.2	如何进行项目管理	74
	5.2.1 必须控制好项目范围	74
	5.2.2 事先做好干系人分析	75
	5.2.3 合理把握好项目进度	76
	5.2.4 项目成果质量重于泰山	78
	5.2.5 项目成本需要严格控制	80
	5.2.6 项目沟通效果决定成败	81
	5.2.7 始终绷紧项目风险这根弦	82

第 6 章 好售前要懂企业战略管理 … 84

6.1	企业战略管理是什么	84
	6.1.1 企业战略的"前世今生"	85
	6.1.2 企业战略的各种流派	87

  6.1.3 各流派的区别与联系 88
  6.1.4 战略管理基本流程 89
 6.2 战略分析思路与工具 90
  6.2.1 外部环境分析 90
  6.2.2 内部环境分析 99
  6.2.3 战略分析工具"知多少" 101
 6.3 战略形成的层次结构 103
  6.3.1 企业愿景 103
  6.3.2 企业使命 104
  6.3.3 企业目标 105
  6.3.4 战略内容 106
  6.3.5 战略重点 106
  6.3.6 战略举措 106
 6.4 后续战略实施与控制 107
  6.4.1 战略实施 107
  6.4.2 战略反馈 108

第 7 章 售前要懂软件开发，但不拘泥于细节 109

 7.1 掌握好软件工程如虎添翼（以进销存管理系统为例）........ 109
  7.1.1 第一步：可行性研究 110
  7.1.2 第二步：需求分析 114
  7.1.3 第三步：概要设计 117
  7.1.4 第四步：详细设计 119
  7.1.5 第五步：编码与测试 122
  7.1.6 第六步：实施与运维 123
 7.2 程序员的开发本领——开发语言（以 C++为例）............ 124
  7.2.1 面向过程的开发语言（以 C 语言为例）............ 124
  7.2.2 面向对象的开发语言（以 C++语言为例）........ 126

- 7.3 软件项目的幕后英雄——数据库（以Oracle10g和HBase为例） ... 127
  - 7.3.1 理解设计数据库三大范式（以进销存管理系统为例） ... 128
  - 7.3.2 传统关系型数据库（以Oracle10g为例） ... 129
  - 7.3.3 最新列式数据库（以HBase为例） ... 131
- 7.4 常常被忽视的软件测试技术 ... 133
  - 7.4.1 测试阶段 ... 133
  - 7.4.2 测试方法 ... 134
  - 7.4.3 测试工具 ... 134

第8章 售前要时刻掌握并跟随新技术 ... 136

- 8.1 强大的云计算 ... 137
  - 8.1.1 谷歌云 ... 138
  - 8.1.2 Hadoop ... 140
  - 8.1.3 微软云 ... 141
  - 8.1.4 亚马逊云 ... 144
- 8.2 神奇的大数据 ... 145
  - 8.2.1 什么是大数据 ... 145
  - 8.2.2 大数据的四个特点 ... 145
  - 8.2.3 大数据的发展史 ... 146
  - 8.2.4 大数据产品架构 ... 148
  - 8.2.5 大数据应用场景 ... 150
  - 8.2.6 大数据发展趋势 ... 153
- 8.3 无所不在的物联网 ... 154
  - 8.3.1 物联网与传感网的区别 ... 154
  - 8.3.2 IPv6与物联网 ... 154
  - 8.3.3 物联网的技术架构 ... 154
  - 8.3.4 物联网的应用场景 ... 155
  - 8.3.5 物联网的信息安全 ... 157

8.4 飞速发展的移动信息化 157
   8.4.1 移动信息化时代来临 158
   8.4.2 移动信息化应用场景 158
   8.4.3 移动信息化技术架构 159
   8.4.4 移动信息化安全体系 160
   8.4.5 移动信息化发展趋势 161

第2部分 IT售前实战（三大类案例）

第9章 IT售前实战：产品型售前项目案例 164

9.1 第一步：产品特点分析 164
9.2 第二步：客户前期交流 165
   9.2.1 SPIN 是什么 165
   9.2.2 如何运用 SPIN 167
   9.2.3 运用 SPIN 的效果 168
9.3 第三步：编写产品方案 168
   9.3.1 项目背景 168
   9.3.2 需求分析 169
   9.3.3 总体设计 172
   9.3.4 产品功能 174
   9.3.5 产品安全 177
   9.3.6 效益分析 178
9.4 第四步：进行产品演示 178
   9.4.1 事前的准备工作 178
   9.4.2 开场白很重要 179
   9.4.3 功能演示需要注意的问题 179
   9.4.4 如何回答客户的提问 180

9.4.5 演示完成后的跟进 ······ 181

第 10 章　IT 售前实战：方案型售前项目案例 ······ 182

10.1 如何收集资料 ······ 182
  10.1.1 利用网络收集资料 ······ 182
  10.1.2 利用书店收集资料 ······ 183
  10.1.3 利用公司收集资料 ······ 184
10.2 如何写解决方案 ······ 184
  10.2.1 项目概况 ······ 185
  10.2.2 现状分析 ······ 187
  10.2.3 总体设计 ······ 188
  10.2.4 功能设计 ······ 195
  10.2.5 实施方案 ······ 198
10.3 如何应答商务标 ······ 198
  10.3.1 投标书 ······ 199
  10.3.2 开标一览表 ······ 200
  10.3.3 投标分项报价表 ······ 201
  10.3.4 货物说明一览表 ······ 202
  10.3.5 技术规格偏离表 ······ 203
  10.3.6 商务条款偏离表 ······ 203
  10.3.7 资格、资信证明文件 ······ 204
  10.3.8 缴纳中标服务费承诺书 ······ 205
  10.3.9 投标人企业类型声明函 ······ 205
  10.3.10 制造商投标人企业类型声明函 ······ 206

第 11 章　IT 售前实战：咨询型售前项目案例 ······ 207

11.1 第一步：前期咨询调研 ······ 207
  11.1.1 项目目标 ······ 208

  11.1.2 实施方案 ... 210
11.2 第二步：调研材料分析 ... 213
  11.2.1 调研成果与四大目标 ... 213
  11.2.2 调研成果与五大体系 ... 214
  11.2.3 调研成果与三大层次 ... 215
  11.2.4 调研成果与三大趋势 ... 217
11.3 第三步：咨询报告撰写 ... 218
  11.3.1 战略部分内容 ... 218
  11.3.2 规划部分内容 ... 229
  11.3.3 实施部分内容 ... 242
11.4 第四步：组织项目验收 ... 247

第 1 部分　IT 售前技术（思维、能力和知识）

- ▶▶ 第 1 章　别拿售前不当回事儿
- ▶▶ 第 2 章　售前要有逻辑能力
- ▶▶ 第 3 章　售前要懂需求、会分析
- ▶▶ 第 4 章　售前要"能说"、"会道"
- ▶▶ 第 5 章　售前要具备领导力，要懂项目管理
- ▶▶ 第 6 章　好售前要懂企业战略管理
- ▶▶ 第 7 章　售前要懂软件开发，但不拘泥于细节
- ▶▶ 第 8 章　售前要时刻掌握并跟随新技术

第 1 章　别拿售前不当回事儿

听说过 IT 人员吧！

听说过 IT 售前嘛？

……

IT 售前是怎么样的一群人？

这个职位需要哪些知识和技能？

这个职位的日常工作内容是什么？

未来的职业发展方向在哪里？

哪些读者适合本书？

……

本章将会一一道来。

1.1　我所认识的 IT 售前

售前售前，销售之前。一个 IT 产品（或 IT 方案）迈出家门的第一步，不是销售，而是售前。很多人开玩笑地说：售前=收钱！！到现在为止，肯定有很多人不知道售前究竟是做什么的，以为是销售，大错特错！

本节就来描述一下 IT 售前的工作性质和工作内容，包括 IT 售前需要具备哪些素质，哪些知识体系以及未来的职业发展方向等。

1.1.1 能干什么，还是什么都干

IT 售前一般是指协助销售进行项目前期活动的技术人员，主要负责技术部分，也泛指给企业做信息化规划的 IT 咨询顾问。通俗点说，售前要做的就是客户掏腰包之前的一系列工作！

IT 售前在本书中有如下 3 种类型。

- 咨询型售前：主要工作是给企业描绘未来发展蓝图，做信息化规划，具体包括企业战略制定、规划范围和内容、实施路线图等；
- 方案型售前：主要工作是根据企业的个性化需求撰写该项目的定制化解决方案，并进行投标和讲标等工作；
- 产品型售前：主要工作是根据自己公司的软件产品的特点，结合客户公司的需求辅助销售进行有针对性的销售，产品型售前主要也是负责技术部分的工作。

【小白疑问】怎么看来看去觉得售前和需求分析师没区别呢？

IT 售前与需求分析师既有共同点又有区别，共同点在于都是属于项目的前期工作。区别在于咨询型售前属于最前期的工作，是给甲方做信息化规划的，方案型售前和产品型售前主要工作是写标书、投标和讲标，是乙方中标之前的工作。而需求分析师是乙方中标之后，给甲方做需求分析工作的。可以用一张图来表示这几者之间的关系，如图 1-1 所示。

1.1.2 会写，会说，会想

IT 售前需要具备的素质，简单地说：一要会写，二要会说，三要会想。

- 会写：需要会写咨询报告、解决方案、招投标文件、PPT、可行性研究报告、IT 管理方案和会议纪要等一系列与 IT 售前相关的文档。

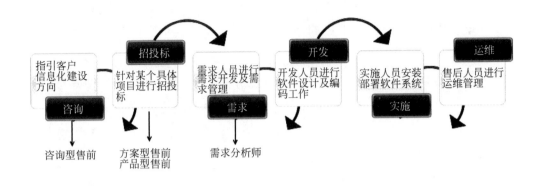

图1-1 咨询型售前、方案型售前、产品型售前和需求分析师的区别与联系图

- 会说：需要与客户交流，进行宣讲本公司的技术方案，沟通和引导客户需求等工作，最终和销售一起与客户签订合同。
- 会想：需要具备严密的逻辑思考能力和灵活的随机应变能力。

此外，对于IT售前个人而言，还需要具备深厚的IT技术积累、较强的自学能力和团队协作精神。因为售前是和客户接触的，跟踪的是社会上最先进的技术，所以需要不断加强自己的IT技术储备。这样，无论是写方案还是与客户沟通，才能占据主动的优势。而且，随着项目文档规模不断增大（现在一份投标文件至少有几百页，多的达上千页），单凭一人已难以完成，所以具有团队协作精神，在和队友的协作中共同完成任务，才是一个资深IT售前应具备的素质。

【小白疑问】IT售前要懂的知识也太多了，能有个初级或中级的标准不？

说得再多，文字也不好表达IT售前的几个级别，以及每个级别需要的技能。直接上图更合适，图1-2是一个比较完备的IT售前技能图例。

1.1.3 IT售前的知识体系

IT售前知识体系由IT售前思维、IT售前能力和IT售前知识三部分组成。

第 1 章 别拿售前不当回事儿

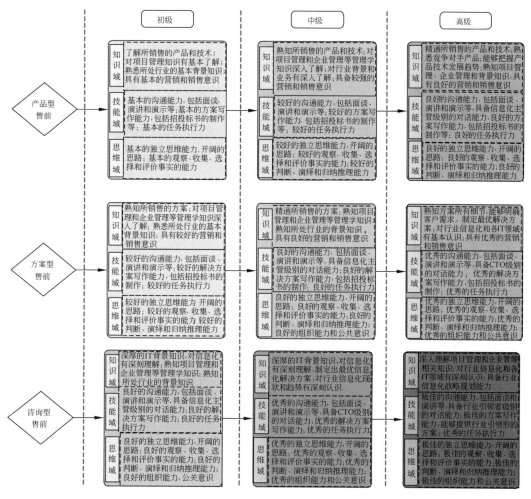

图 1-2 IT 售前必备素质图

1. IT售前思维

IT 售前的思维与 IT 行业其他职位不一样,需要具备营销思维、全局思维及咨询思维。为什么 IT 售前需要具备营销思维呢?因为 IT 售前经常需要跟客户打交道,主要给客户宣讲自己公司的解决方案和产品方案,给销售人员提供技术支持,目标就是把本公司的产品推销出去,所以需要具备一定的营销思维。具体来说,需要掌握 SPIN 方法,即了解客户需求、把握客户痛点、暗示客户痛点不解决的后果和推销己方解决方案四个步骤。当然,本书主要是针对初级 IT 售前来阐述的,初级 IT 售前如果掌握了 SPIN 方法,初步具备了营销思维以后,还可以进一步学习和了解其他营销策略和方法。

至于全局思维,即 IT 售前需要了解一些企业管理方面的内容,初步形成企业管理学的一些思维方式。因为 IT 售前如果向咨询型售前发展的话,企业管理方面的内容是必须掌握的。

拿企业战略管理举例,IT 售前通过学习战略管理思维,可以了解企业战略制定的流程、常用的工具和使用的方法等,对于向咨询型售前发展是大有裨益的。

对于咨询思维,通过学习大公司的咨询方法论,逐步形成自己发现、分析和解决企业问题的独特思路,对于培养自己缜密的逻辑思维能力,实际解决问题能力是有好处的。

2. IT 售前能力

IT 售前需要具备的主要能力包括:
- PPT 和方案编写能力;
- 宣讲能力;
- 需求调研的能力。

PPT 和方案编写能力需要学习金字塔原理和 PPT 呈现技术,金字塔原理是为形成逻辑思路打下基础,而 PPT 呈现技术则是 PPT 制作的一些原则和技巧。宣讲能力则需要 IT 售前具备给客户现场宣讲方案和 PPT 的能力,这种能力有时候比写作能力更为重要。需求调研能力也是 IT 售前需要具备的能力之一,即理解客户的业务并能把业务转化成 IT 需求。

3. IT 售前知识

IT 售前的知识主要分为两块:行业知识和 IT 技术知识。

对于行业知识,需要在工作中日积月累,也可以查阅一些相关行业的书籍,现在比较热门的行业知识包括电子政务、金融和能源等行业。IT 技术知识包括软件知识、硬件知识及前沿新技术知识等。

对于 IT 技术知识,除了在学校学习得到之外,在工作中还需要根据工作的特点加强自学。因为自学能力在 IT 售前的成长经历中是十分重要的,关乎个人发展的高度。

所以从整体来看,IT 售前的知识体系十分庞大,需要学习的东西很多,对个人的素质要求也较高。在笔者看来,如果读者真的下定决心从事 IT 售前这个职位,则需要多方面学习,多维度实践,才能真正做好这个职位。其实每天在学习,每天在成长,又何尝不是一件快乐的事情呢?

详细的 IT 售前知识体系如图 1-3 所示。

第 1 章　别拿售前不当回事儿

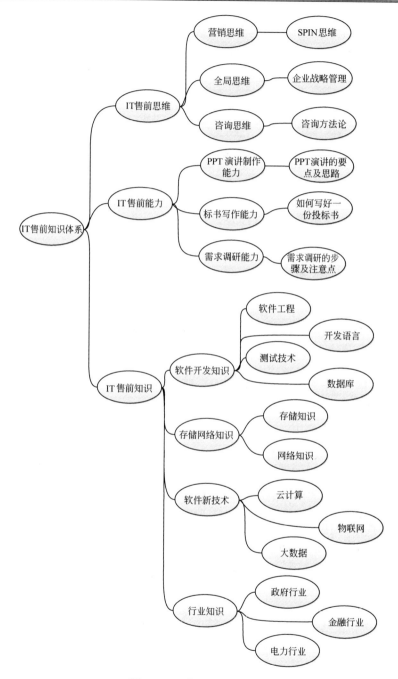

图 1-3　IT 售前知识体系图

1.1.4　不想做 CEO 的售前不是好售前

IT 初级售前的发展方向有 4 个：咨询型售前、方案型售前、产品型售前和销售。

（1）咨询型售前

咨询型售前从技术上可以向高级咨询顾问发展，主要负责给大型企业做信息化规划和管理咨询方面的工作。从管理上发展，可以做咨询项目经理，侧重于咨询项目的管理工作。以后还可以发展成为咨询总监和 CEO。

（2）方案型售前

方案型售前从技术上可以向高级方案售前发展，主要负责定制系统的方案制作及 PPT 宣讲等工作。从管理上发展，可以做售前部门总监，负责管理售前部门，组织招投标及客户沟通的相关事务。以后还可以发展成为售前总监和 CEO。

（3）产品型售前

产品型售前从技术上可以向高级产品售前发展，主要负责公司核心产品的方案制定和 PPT 宣讲等工作。从管理上发展，可以做售前部门总监，负责管理售前部门，组织招投标和客户沟通的相关事务。以后还可以发展成为售前总监和 CEO。

（4）销售

转销售也是一个不错的选择，因为销售的待遇和业绩相挂钩，待遇较高吸引力也较强。如果 IT 售前觉得自己更适合市场的话，也可以积极考虑销售这个职位。但是不能盲目跟风，一切要对自己的优势和劣势做一个分析，做出明智的判断。

另外，这 4 种售前也是可以相互转化的。产品型售前需要与客户沟通及宣讲的能力强一些，方案型售前需要文档写作的能力强一些，咨询型售前需要逻辑思维及管理咨询方面的能力强一些。销售则更需要一些市场嗅觉和市场头脑。对于 IT 初级售前而言，应该结合自己的强项，确定自己未来的发展方向。

详细的职位发展方向如图 1-4 所示。

第 1 章　别拿售前不当回事儿

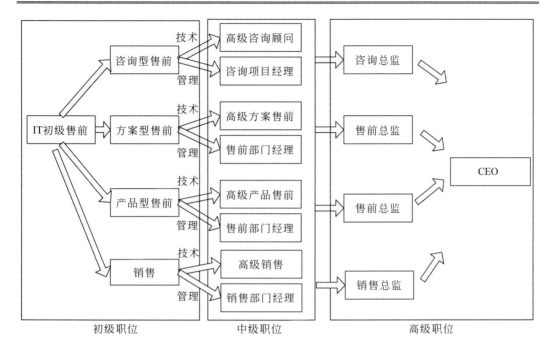

图 1-4　IT 售前职业发展图

1.2　如何做好 IT 售前

想把售前这个职位做好，应该是每一个售前人员的想法，但是如何做好？笔者认为需要得到"天时地利人和"，才能将工作真正做好。天时，当然就是领导的支持；地利，即客户的认可；人和，就是售前团队的齐心协力。

1.2.1　赢得领导的支持

打铁还需自身硬，要想赢得领导的信任与支持，还是得靠自身的实力。售前一个靠写，一个靠说。写主要是指写解决方案，要想写好解决方案，需要对解决方案的业务情况及技术方面都非常了解。所以，售前需要在平时不断地学习，学习技术知识，学习行业知识，才能写出有针对性、有技术深度的解决方案和投标文件。

另一个方面是说，售前人员也需要经常与直接领导进行沟通，汇报自己本阶段的工作业绩、碰到的一些问题和解决的思路等；还可以把自己完成的成果物通过电子邮件的形式发送或抄送给相关领导。这样做的好处是让领导看到自己的工作成果，进而信任支持自己的下一步工作。

在本书中，第 2 章的"逻辑能力"、第 7 章的"软件开发技术"以及第 8 章的"新技术"等章节都是帮助初级售前提高写作能力和提高软件技术的章节。希望通过这些章节的介绍，可以帮助初级售前提高技术积累和积淀。

1.2.2 获得客户的肯定

要想获得客户的肯定，不是一件容易的事。需要对客户的业务情况非常了解，能够理解客户的意图，真正帮助解决客户碰到的信息化难题。因为客户的长项是他们自己的业务，而售前人员的长项是 IT 技术，所以售前人员要努力学会使用客户的业务语言和他们交流，这就需要售前人员在一个行业的长期积累和沉淀。如果售前经常跳槽换行业的话，在业务方面就难以积累，也就难以在业务方面进步了。

只有成为某个行业的业务专家，再发挥自己的信息化特长，两者结合起来才能真正帮助客户解决信息化问题，成为客户可信赖的信息化专家。

在本书中，第 3 章的"需求分析"、第 4 章的"沟通能力"以及第 6 章的"企业战略管理"等章节则着重介绍与客户的沟通技巧以及客户的业务方面的分析。

1.2.3 营造团队的团结

任何一个团队，只有和谐共处、团结一致才能获得最后的胜利，售前团队也是一样的。如果是售前团队的项目经理，如何构建一个和谐的团队是必须考虑的事情。在本书中，第 5 章的"项目管理"章节提出"先做人后做事"的管理思路，希望能够从新的角度给读者以启发。

1.3　IT 售前寄语

售前圈子里流传着一句话:"做售前容易,做好售前难"!

大公司里有专职的售前,小公司里人人都可以做售前(程序员可以做、项目经理可以做、技术支持可以做、销售可以做),但售前不是一个什么人都能干好的职业!售前是一个综合能力要求很高的职业,从本书的目录结构上来看,读者就能知道,售前原来不是我们想象的那么简单!

售前要有销售的嘴皮子,所以要能说,要掌握沟通技巧;

售前要有开发者们的技术知识经验,当然不需要精通开发,但又必须熟悉这些技术;

售前要有管理者的协调能力,懂管理,懂项目流程;

售前还要有文秘的写作能力,得有逻辑表达能力,又能写 PPT;

售前,你要会的真的太多了;

做个售前,生活还是蛮拼的;

好的售前,还能从企业战略管理的视角来考虑售前方案;

……

【本书阅读建议】

初级 IT 售前需要从基础理论开始阅读,最后学习如何进行实战。有经验的读者可以有选择的阅读基础理论并结合自己的经验揣摩本书的实战案例。

第 2 章　售前要有逻辑能力

逻辑能力，是很虚无缥缈的潜能，你说没有就没有，你说有也不一定有。作为 IT 售前，逻辑能力是首先要考虑的要素，因为你要从用户的描述中找到用户的痛点，快速说出自己产品或方案的特色，对用户能一针见血，这些都需要好的表达逻辑、很强的思考逻辑和很好的解决问题的逻辑。所以从现在开始锻炼吧。

先上一道逻辑题，没有答案，自己来推。

聪明的赌徒只有在形势对他有利时才下赌注，老练的赌徒只有在他有大利可图时才下赌注。这个赌徒有时去下赌注，所以：

- 他要不是个老练的赌徒，就是个聪明的赌徒；
- 他可能是个老练赌徒，也可能不是个老练赌徒；
- 他既不是个老练赌徒，也不是个聪明赌徒。

麦肯锡公司有一本经典培训教材《金字塔原理》，主要是训练咨询顾问思考、表达和解决问题的逻辑。通过金字塔原理的训练，可以让咨询顾问拥有清晰的思路，并知道如何表达才能让听众听得懂、记得住。显然，作为一名 IT 售前，无论是撰写信息化方案，还是撰写 PPT 和演讲，金字塔原理都是极为重要的思维训练工具，本章的讲解也会对此有所涉及。

2.1　如何提高表达逻辑

先讲一个小故事：一个推销员去另外一家公司推销一件商品，但是这家公司的主管工作很忙，根本没有时间见这位推销员，然后这位推销员就一直等着这位主管。好不容易，这位主管出来了，说：我去坐电梯，你就在电梯里说吧，你只有这 5 分钟的时间。最后这位推销员竟然就利用这短短的 5 分钟时间，成功地将商品推销出去了。

具体怎么说的这里就省略了！

这个例子说明了表达能力是多么的重要（因为大家都太忙了，可能每个客户都只给你 5 分钟时间），隐藏在表达背后的秘密正是表达的逻辑性，只有严密而有力的逻辑才能在短时间内打动听众。

2.1.1 "神秘"的金字塔逻辑训练

在遥远的埃及，神秘的金字塔吸引着世界各地的游客前去游览。而本书所讲解的金字塔原理，以其深刻的思想和良好的训练效果，同样也吸引着世界各地的 IT 售前不断地学习和思考。那么，究竟金字塔原理的内涵是什么呢？如何快速学习并掌握它，从而提高自己的思维逻辑性呢？下面将一一进行解答。

1. 大脑会自动将一堆信息进行分门别类的整理

"归类整理"是人们都会下意识去做的一种习惯。比如，周末人们都会去买菜，买回菜以后，都会将菜分类放入冰箱，如肉类放到下层的冷冻室，蔬菜类放到冰箱的上层，蛋类放到冰箱门后面等等。所以，无论是有意识的还是无意识的，人们总是倾向于将信息分门别类地进行整理，这样既便于记忆，也便于管理。而将信息分门别类地加以总结和概括也是金字塔原理思考方式的基础。

2. 表达的时候先说结论

金字塔原理的一个重要原则就是：表达的时候先说结论。这似乎与从小到大学习写作的思想相矛盾。写作方法有很多种，有先总后分、有先分后总、还有总分总。那么为什么金字塔原理只强调总分式呢？这是因为金字塔原理主要是用于商务沟通，包括咨询顾问撰写的规划方案和 PPT 等也都同样用于商务沟通。而商务沟通最重要的一点就是效率。在商业社会，时间就是金钱，效率就是生命。所以金字塔原理训练咨询顾问的一个核心思想就是表达的时候先说结论，这对于高效沟通是十分重要的。分论点和论据可以放到后面听众需要的时候再说。

3. 思考的时候总结概括

思考和表达其实就像一个硬币的正反面一样，是正好相反的。思考的顺序是从大量的信息中提炼出核心的论点；而表达的顺序则正好相反，应该先表达核心的论点，再表达分论点，最后表达论据。其实结合日常工作来理解就容易了。比如一份按照金字塔原理组织起来的方案，被阅读的效率是非常高的。总经理负责全局和整体，那么他只用看方案的核心论点就够了；而中层管理人员则不仅了解核心论点，还需要仔细阅读分论点；实施和执行人员则不仅需要了解核心论点和分论点，还需要仔细阅读论据等支撑性材料。所以从上面的举例可以看出，按照金字塔原理组织起来的文字，被阅读效率将大幅提高，各类人群都能高效的获取自己所需要的信息，信息将会得到更有效的传递。

思考顺序和表达顺序如图2-1所示。

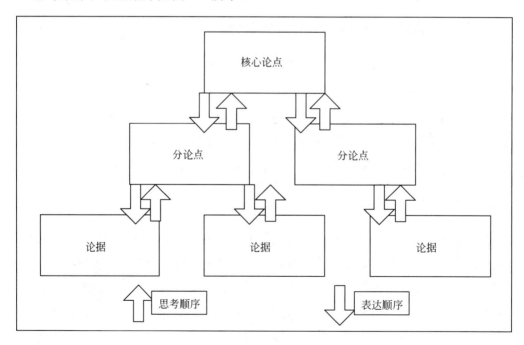

图2-1 金字塔思考表达图

4．金字塔的结构

在纵向上来看，金字塔原理的结构主要是向上归纳；从横向上来看，金字塔原理的结构有可能是演绎或其他逻辑顺序。所以，金字塔原理的结构主要就是**归纳和演绎**两种方式。所谓归纳，就是从大量信息中总结出共性的东西，形成一个明确的论点。所谓演绎，就是根据实际情况，依据公理或规律性的东西，推理出结论。

比如：张三，20岁，喜欢玩电脑游戏；李四，25岁，喜欢玩电脑游戏；王五，23岁，喜欢玩电脑游戏。可以采用归纳的方法，得出结论：20多岁的年轻人许多人都喜欢玩电脑游戏，如图2-2所示。

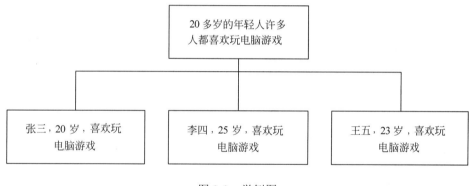

图2-2　举例图

又比如：鸟类都可以飞行，喜鹊是鸟，所以喜鹊也可以飞行。这个例子就是使用了演绎的方法，因为"鸟类都可以飞行"是公理，人人皆知。而喜鹊是鸟类的一种，也是事实，所以根据这两点就可以得出推论："喜鹊也可以飞行"，如图2-3所示。

图2-3　举例图

【小白疑问】归纳和演绎听起来区别不大，如何正确区分呢？

从知识范围来看，演绎法推理出来的结论是属于推理的前提条件，不具有放大性，而归纳法推理出来的结论与归纳的素材相比，是具有放大性的。所以在知识范围角度来看，演绎法和归纳法是有区别的；另外从结论和前提的联系程度来看，演绎法推理出来的结论具有必然性，而归纳法推理出来的结论具有或然性，所以从联系程度的角度来看，演绎法和归纳法也是有区别的。

演绎的大前提都是一些一般性的知识，而这些知识的获取则要用到归纳法。如"四条腿的动物都能奔跑"是大前提，而这个大前提则是通过"猫是四条腿能奔跑"、"狗是四条腿能奔跑"及"马是四条腿能奔跑"这些素材中归纳推理出来的。所以演绎法离不开归纳法。而同样的道理：归纳法也离不开演绎法。归纳法做归纳推理所需要的一些素材，往往也是经过演绎推理才能得到的。所以，其实并不存在演绎法和归纳法孰优孰劣的问题，这两种方法往往根据不同的场合交替使用，没有优劣，只有合适与否。

2.1.2 构建金字塔的方法

1. 初学者可以采用自下而上法

初学者不适合使用自上而下法来构建金字塔，因为难度太大，初学者一般无法完成。最好使用自下而上法，容易上手。通常，使用自下而上法分为三步：

（1）将手头的信息进行分类。

（2）在分类的基础上提炼每一类的中心思想。

（3）归纳各个中心思想，形成核心论点。

下面将举一个混乱的例子，然后将混乱的例子利用金字塔原理的思想整理成一个清晰的例子，以帮助初学者把握如何使用金字塔原理。

> 众所周知,在制药行业,制药成本是药品成本中最大的部分。一般制药成本要占到药品成本的 50%~70%。将 A 公司的制药流程与其他制药公司平均水平做一个比较,发现 A 公司的制药流程比较复杂,而且 A 公司的制药流程经常重复很多步骤,以保证较高的药品质量,这也是其竞争力低下的原因之一。A 公司也请教了某咨询公司 B,咨询公司 B 的建议是,简化一些制药步骤,以提高药品竞争力。同时咨询公司 B 也在研究为什么制药 A 公司效率如此低下。
>
> A 公司工作人员每天都在超负荷的工作,但还是要每天加班,而且还完不成任务,工资低下,任务繁重,已经导致了好几名工人提出辞职。A 公司的工会组织也建议增加工人的工资,达到行业具有竞争力的水平。
>
> 结论:
>
> 1. 制药流程过于复杂而且成本也太高了;
> 2. 药品缺乏竞争力;
> 3. 必须改变工作方法,提高工作效率。
>
> B 公司的咨询人员其实也一直在研究,为什么 A 公司的制药流程如此复杂,工资水平如此之低,如此缺乏竞争力。可以考虑提高 A 公司的工资水平。

下面笔者尝试着梳理一下混乱的例子,使得文章的思路更加清晰,结论更加明确。下面的梳理主要分为三个步骤:1. 整理出所有要点;2. 分析要点之间的关系;3. 得出结论,如表 2.1 所示。

表 2.1 结论

要点 1:	制药 A 公司的制药流程比较复杂
要点 2:	制药 A 公司的制药流程经常重复
要点 3:	咨询 B 公司建议:简化一些步骤,以提高竞争力
要点 4:	制药 A 公司的员工经常加班
要点 5:	制药 A 公司工资水平很低
要点 6:	制药 A 公司的任务很繁重
要点 7:	咨询 B 公司考虑可以适当提高工资水平

经过分析,可以把要点1、要点2、要点4和要点6合并在一起推导出要点3;要点5可以推导出要点7,如图2-4所示。

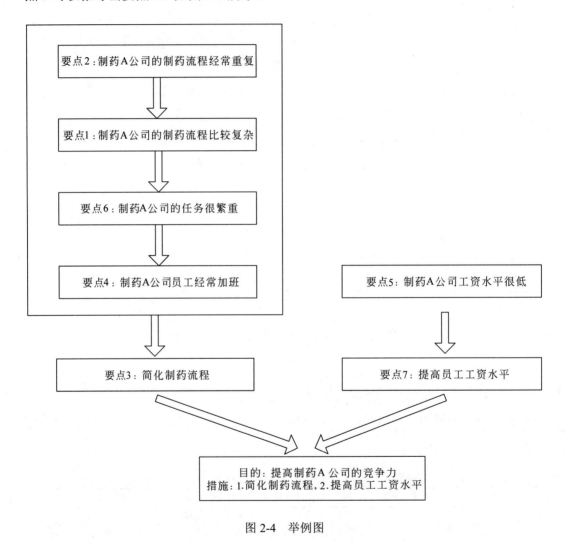

图2-4 举例图

所以经过以上分析,可以得出结论:如果想提高制药A公司的竞争力,可以采取两个措施:1. 简化制药流程,2. 提高员工工资水平。

> 众所周知,在制药行业,制药成本是药品成本中最大的部分。一般制药成本要占到药品成本的60%~70%。而A公司的制药成本居高不下,导致了A公司的药品缺乏竞争力。经过分析,发现有以下两个原因:
> 1. A公司的制药流程过于复杂;
> 2. A公司的工资水平过低。
>
> 解决办法:
>
> 1. 简化A公司的制药流程
>
> 将A公司的制药流程与其他制药公司平均水平做一个比较,发现A公司的制药流程比较复杂。而且A公司的制药流程经常重复很多步骤,以保证较高的药品质量,这也是其竞争力低下的原因之一。所以咨询B公司建议适当的简化制药流程是必要的。
>
> 2. 提高A公司的工资水平
>
> A公司工作人员每天都在超负荷的工作,但还是要每天加班,而且还完不成任务,工资低下,任务繁重,已经导致了好几名工人提出辞职。A公司的工会组织也建议增加工人的工资,达到行业具有竞争力的水平。所以咨询B公司建议只有提高工资水平,才能聘请到高素质的员工,从而提高生产效率,摆脱当前困局。

2. 熟练者可以采用自上而下法

熟练者则可以采用自上而下法,首先提炼出中心论点,然后假设读者提问,通过回答读者的提问整理出支持中心论点的分论点,然后假设读者继续提问,最终整理得到支持分论点的素材。

按照"背景→冲突→疑问→回答→提问→回答→提问→回答"的模式引导,构建自上而下的金字塔。具体示例如下所示。

背景:众所周知,在制药行业,制药成本是药品成本中最大的部分。一般制药成本要占到药品成本的60%~70%。而A公司的制药成本居高不下,导致了A公司的药品缺乏竞争力。

冲突：也请教了几家咨询公司，但是众说纷纭，不知道制药成本高的原因。

疑问：能否找到制药成本高背后的真正原因是什么吗？

回答：能。

提问：第一个真正的原因是什么？

回答：A公司的制药流程过于复杂。

提问：第二个真正原因是什么？

回答：A公司的工资水平太低。

进一步提问：A公司的制药流程过于复杂的原因是什么？

回答：A公司的制药流程步骤太多，该合并的没有合并。

进一步提问：为什么A公司的工资水平这么低？

回答：工资低导致效率低，效率低导致公司盈利能力差，盈利能力差导致工资低，恶性循环，如图2-5所示。

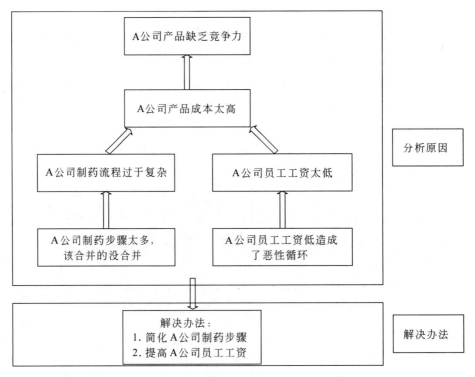

图2-5 分析图

2.2 增强思考逻辑好处多

在一篇文章里,其逻辑性是十分重要的。逻辑层次鲜明,思维缜密的文章肯定是一篇好文章,因为不仅作者自己能想得清楚,而且也能说得明白。反之,如果一篇文章逻辑思维混乱,则必然不是一篇成功的文章。

2.2.1 三种重要的逻辑顺序

一般来说,逻辑顺序有三种,分别是时间顺序、结构顺序和程度顺序。

1. 时间顺序

时间顺序,顾名思义就是按照时间先后来排列顺序。比如,人的一生包括童年、少年、青年、中年和老年。这就是按照时间先后来排列的,称为时间顺序。下面看一个例子:

> 在系统开发过程中碰到了如下问题:
> 1. 需求人员对需求开发工具使用不够熟练;
> 2. 运维人员反映系统运行不稳定;
> 3. 开发人员对客户业务不熟悉;
> 4. 需求人员与客户沟通效果不太好;
> 5. 实施人员不熟悉系统的使用;
> 6. 测试人员测出的Bug跟踪修改力度不够;
> 7. 开发人员的开发技术还有待提高;
> 8. 实施人员的客户培训效果不佳;
> 9. 运维人员反映系统运行不稳定。

按照软件开发的时间顺序:需求分析→软件开发→软件测试→系统实施→系统运

维。可以整理成以下顺序:

> 在系统开发过程中碰到了如下问题。
>
> 需求分析阶段:
>
> 1．需求人员对需求开发工具使用不够熟练;
>
> 2．需求人员与客户沟通效果不太好。
>
> 软件开发阶段:
>
> 3．开发人员对客户业务不熟悉;
>
> 4．开发人员的开发技术还有待提高。
>
> 软件测试阶段:
>
> 5．测试人员测出的 Bug 跟踪修改力度不够。
>
> 系统实施阶段:
>
> 6．实施人员的客户培训效果不佳;
>
> 7．实施人员不熟悉系统的使用。
>
> 系统运维阶段:
>
> 8．运维人员反映系统运行不稳定;
>
> 9．运维人员反映系统运行不稳定。

2．结构顺序

比如说一家软件公司,分为软件开发部、咨询部、销售部、行政部和财务部等,这些部门都是平行关系,彼此之间没有职能交集,称之为结构顺序,如图 2-6 所示。

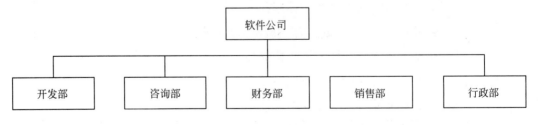

图 2-6　结构顺序图

3．程度顺序

比如学校评价学生的学习成绩，一般用"优、良、中和差"来评价，这就是程度顺序。从优到差，受赞赏的程度逐步减轻。

所以，在平时的训练中，就应该使用这三种重要的顺序来思考问题，表达思想，这样的思路才能井井有条。

下面举一个例子：

> 北京房地产市场持续"高温"的原因如下：
> 1．北京的工资水平在全国首屈一指；
> 2．北京需要房子的人很多；
> 3．北京物价水平在全国算比较高的；
> 4．北京道路拥堵成本过高；
> 5．北京的购房资格申请很难；
> 6．在北京拿地的成本本身就很高；
> 7．北京的资源比较集中，吸引外来人口进入北京。

经过归类分析，可以分为以下三大原因：

原因	归类
1．北京的工资水平在全国首屈一指	北京房地产的成本很高
3．北京物价水平在全国算比较高的	
4．北京道路拥堵成本过高	
6．在北京拿地的成本本身就很高	
5．北京的购房资格申请很难	北京购房门槛很高
2．北京需要房子的人很多	北京房地产需求量比较旺盛
7．北京的资源比较集中，吸引外来人口进入北京	

综上所述，北京房地产市场持续高温的原因如下：

❑ 成本过高；

❑ 需求旺盛；

❑ 门槛很高。

成本很高是北京高房价最核心的原因，因为北京房地产的成本本身就很高，所以导致了房价居高不下。其次的原因是需求旺盛，因为需求旺盛，更加刺激了房地产市场，造成了一种市场饥饿的局面。最后的结果则是门槛很高。所以按程度顺序分类，则依次是成本过高、需求旺盛和门槛很高。所以对于一堆信息，第一步做的事情就是归类分组，将类似的信息分为一组，然后再分析各组中心思想之间的关系，最后形成逻辑顺序。

2.2.2　要准确提炼中心思想

在写作的时候，经常看起来总结出了中心思想，但是其实并没有真正总结出来，只是总结了一些似是而非的观点，读者并不能从中获取有用的信息。比如：

> 周作人先生曾说过，他最适合给鲁迅先生写墓志铭，原因有以下三点：
> 1．他们是兄弟；
> 2．他们都是作家；
> 3．他们都很聪明。

读者通过这段话，很难获取最核心的信息，而是要自己去分析，这是不符合金字塔原理的思想的。如果这样写，可能会好很多："周作人先生曾说过，他最适合给鲁迅先生写墓志铭，因为他们彼此对各自的才能秉性都非常熟悉"，然后再说出需要的论据，效果可能会好很多，如下所示。

> 周作人先生曾说过，他最适合给鲁迅先生写墓志铭，因为他们彼此对各自的才能秉性都非常熟悉。原因有以下三点：
> 1．他们是兄弟；
> 2．他们都是作家；
> 3．他们都很聪明。

所以，在总结中心思想的时候，不能泛泛而谈，不能徒有其表，而应该进一步的思考，找出各种信息中的核心论点，然后才能写成中心思想。不能把思考的工作留给读者去完成,因为读者无论智商有多高,他们也不可能从有限的信息中十分准确地得出作者心中想表达的意思,而且读者也对需要反复推理和逻辑思考的文章而感到厌烦,因为那样实在是太累了。作者应该帮助读者去完成那部分艰苦的工作,这也是作者的职责。下面再看一个例子:

> 某 IT 公司在软件开发方面碰到了如下问题:
> 1．有些刚毕业的程序员开发技能还不是很熟练;
> 2．对于客户需求的反复变化,程序员感到厌烦;
> 3．对于客户的一些无理要求,项目经理有时候竟然答应了下来;
> 4．有些程序员工作的时候偷偷玩游戏;
> 5．某些程序员不太服从领导安排;
> 6．开发人员修改过的 Bug 后来又重新出现;
> 7．测试人员有时候会偷懒,省略测试标准步骤;
> 8．高级程序员很少对初中级程序员进行技术指导。

1．分析步骤第一步:将混乱的信息进行分组并提炼各组的中心思想

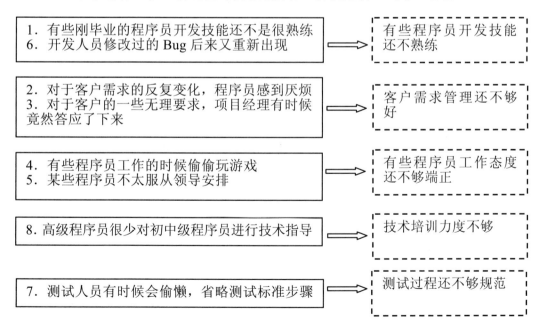

2. 分析步骤第二步：根据各组的中心思想，总结出结论性的思想

程序员开发技能还不熟练，原因有两点：①工作态度不够端正；②技术培训力度不够。客户需求管理还不够好及测试过程还不够规范等问题则都是公司在技术管理方面存在一定的问题，还需要提高。所以结论性的思想就是：某 IT 公司在技术管理方面还不够完善。

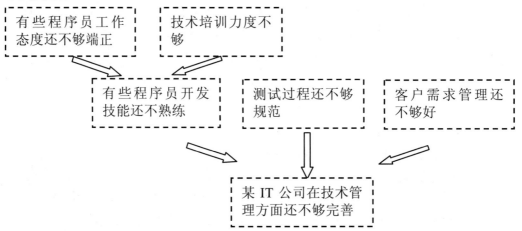

3. 分析步骤第三步：改写原来的文章

> 某 IT 公司在软件开发方面碰到了问题，主要是由于公司的技术管理工作还不够完善，主要有三个问题，按照软件工程的流程从需求到开发再到测试，分别如下所示。
>
> 1. 对客户需求的管理还不够好。比如：
> - 对于客户需求的反复变化，程序员感到厌烦；
> - 对于客户的一些无理要求，项目经理有时候竟然答应了下来。
> 2. 程序员开发技能还不够熟练。原因是：
> - 有些程序员工作态度还不够端正；
> - 公司缺乏必要的技术培训。
> 3. 测试过程还不够规范。比如：
> - 测试人员有时候会偷懒，省略测试标准步骤。

2.3 解决问题的逻辑必须养成

无论是科学问题、工程问题还是写作问题,解决问题总会有一定的思路。冗长混乱的思维不利于问题的解决,只有清晰而直接的思路才能迅速解决问题。所以许多聪明的前辈已经总结了一些解决问题的思路,我们则需要善于去学习,去利用,把这些前辈的经验变成自己解决问题的有力武器。

2.3.1 解决问题的思维框架

人们在日常生活中,积累了许多解决问题的思路。对于科学问题,科学家们经常使用的解决问题的思路是先有理论问题出现,再收集大量数据,再大胆假设,再小心求证,最后解决问题;对于工程问题,工程师们经常使用的解决问题的思路是先有工程问题出现,再有理论依据,再结合理论解决实际问题。我们可以把解决问题的思路抽象出来,也就是先从现状中引出问题,再给出解决方案,最后按照解决方案来解决问题,实现目标。如图 2-7 所示。

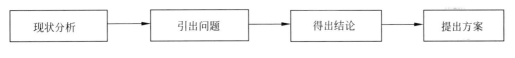

图 2-7 解决问题思路

其中,通过现状分析和引出问题通常就是一篇文章中序言的内容,而解决方案就是文章的正文,需要用金字塔原理的组织和编写,最后把问题解决掉,实现预定的目标。

2.3.2 如何把框架转化成序言

序言的内容其实就是由事件的背景、引发的冲突和产生的疑问三部分组成。按照这种思路来编写序言，读者就可以很容易将一堆材料，通过分析写成标准的序言模式。下面我们来看一个案例，通过案例来学习如何将素材转换成序言。

> 近年来，由于国家大力建设智能电网，所以某IT公司的业务量急剧增长，公司的组织结构、人员构成和营销模式等均已不能满足业务增长所带来的变化，迫切需要一场变革来适应新的情况变化。但IT公司一直都是做电力行业的定制化软件开发业务，公司已经经营了5年左右的时间，业务量一直比较稳定。
>
> 经研究决定，该公司准备从人员构成、组织架构和营销模式三个方面进行公司内部层面的改革以适应新的形势发展的需要。在人员方面，准备再招聘高中级开发工程师20人；在组织架构方面，增设智能电网事业部；在营销模式方面，逐步增强网络营销新模式。

那么如果我们按照标准序言的写法来梳理这段素材，其标准模式如下所示。

> （1）背景：
> （2）冲突：
> （3）疑问：

其具体内容如下所示。

> （1）背景：某IT公司一直都是做电力行业的定制化软件开发业务，公司已经经营了5年左右的时间，业务量一直比较稳定。
>
> （2）冲突：但是近年来，由于国家大力建设智能电网，所以该IT公司的业务量急剧增长，公司的组织结构、人员构成和营销模式等均已不能满足业务增长所带来的变化，迫切需要一场变革来适应新的情况变化。
>
> （3）疑问：该公司究竟应该如何改革呢？

2.3.3 解决方案的写法（推荐）

下面推荐一种解决方案的写法，是笔者工作经验的总结，供读者朋友们参考，如下所示。

1 项目概况
   1.1 项目背景
   1.2 碰到问题
   1.3 解决思路
2 需求分析
   2.1 功能性需求
   2.2 非功能性需求
3 总体设计
   3.1 设计依据
   3.2 设计原则
   3.3 软件架构设计
   3.4 网络拓扑图
4 软件方案
   4.1 技术路线
   4.2 功能设计
   4.3 非功能设计
5 硬件方案
   5.1 涉及硬件列表
   5.2 硬件型号参数
6 安全方案
   6.1 涉及安全技术
   6.2 所用安全策略
7 管理方案
   7.1 项目管理方案
   7.2 项目实施方案
   7.3 项目培训方案
   7.4 项目售后方案

其中第 1 章，项目概况其实就是解决方案的序言，关于序言的写法在上一节已经讲解了。第 2 章需求分析是解决方案的基础和出发点，所有的解决方案内容都是为了满足客户的需求。第 3 章是总体设计，核心是网络拓扑图和软件架构的设计。第 4 章是软件方案包括软件功能和非功能的设计。第 5 章是系统所用到的硬件选型和参数等内容。第 6 章也是很重要的一章，许多软件系统都对安全问题越来越重视了，所以安全技术和安全策略都需要详加设计。第 7 章主要是管理类的方案，许多公司都有自己的标准写法，初级售前可以遵循自己公司的标准写法。

第 3 章　售前要懂需求、会分析

看本章标题，很多初级 IT 售前会纳闷，这不是需求分析师该做的嘛，售前怎么啥都做？

需求分析的目的是从客户那里获取信息→然后分析整理之后→传达给程序员。而售前人员的调研活动同样也是从客户那里获取信息→经过分析整理→最后形成投标书或者咨询报告。所以，掌握一定的获取客户信息和分析信息的思路和能力，对于售前人员而言，无疑是十分必要的，这将有助于售前人员从客户那里获取想要的信息。

本章的讲解分为两个部分，理论和案例。理论部分和案例部分一一对应，没有需求经验的读者可以从理论看起，然后再看案例部分。其目的是通过学习理论形成知识体系，通过观看案例印证理论，掌握实战技巧；有经验的需求分析人员则可以直接学习案例部分。

3.1　需求分析步骤解析

需求分析看起来复杂，其实按照流程可以分为八步，辅之以标准分析表格，就可以实现需求分析的标准化流程。这八步分别为：用户访谈、岗位职责分析、系统用户分析、用户场景分析、用户用例分析、功能需求分析、非功能需求分析和需求规格说明书，如图 3-1 所示。下面按照需求操作步骤一步步加以说明和分析。

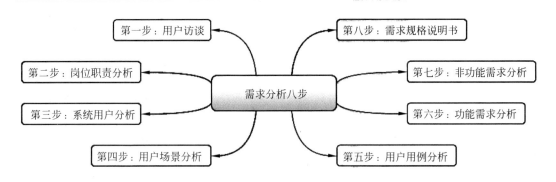

图 3-1 需求分析的标准化流程

3.1.1 第一步：用户访谈

用户访谈主要是通过和用户交谈，了解到用户对本项目的理解以及他们的一些想法和愿望。通过这些基础素材，需求人员可以对信息进行整理，从而为后续的分析收集到有价值的素材。在该步骤，需要用到"用户访谈表"，该表主要包括被访人员信息、用户访谈记录及整理访谈记录。该表主要是辅助需求人员进行需求信息收集的，如表 3.1 所示。

表 3.1 用户访谈表

用户访谈	
被访人员信息	
姓名：	部门：
职位：	级别：
用户访谈记录	
（主要记录访谈者和被访谈者之间的谈话）	
整理故事	
（按照时间、地点、人物、原因、事件和流程等因素精简出一些要点）	
整理人：	
访谈用户确认：	
负责人确认：	

3.1.2 第二步:岗位职责分析

岗位职责分析,主要是分析被访谈者的岗位和相关职责信息,为下一步系统用户分析做准备,如表3.2所示。

表3.2 岗位职责分析表

岗 位	职 责	备 注
(被访谈者岗位)	(主要工作职责)	

3.1.3 第三步:系统用户分析

系统用户分析主要是通过岗位和职责的描述,抽象提取出一些共性的东西,将相识岗位合并成系统用户,整理出系统用户的业务需求,如表3.3所示。

表3.3 系统用户分析表

岗 位	职 责	系 统 用 户	业 务 需 求
岗位1	(职责描述)	通过总结,提炼出系统用户	通过抽象提炼出系统用户的需求
岗位2	(职责描述)		
	(职责描述)		

3.1.4 第四步:用户场景分析

用户场景分析主要分为总场景分析和分场景分析,其中总场景是根据表3.3总结出的系统角色,将对应的业务需求分解成几个用户场景;分场景是进一步将每一个场景进行详细描述,如表3.4和表3.5所示。

表3.4 总场景

系 统 角 色	业 务 需 求	用 户 场 景
根据系统用户分析,得出的系统角色	业务需求描述	场景1
		场景2
		场景3
		……

表 3.5 分场景

用户场景名称	系统角色_场景简述
用户场景代码	系统角色_场景英文简述
场景描述	场景文字描述

3.1.5 第五步：用户用例分析

用户用例分析是进一步将每个分场景再细分成用户用例，使用表 3.6 进行分析归纳。

表 3.6 用户用例分析表

用例名称表示	系统角色_用例简述
用例代码表述	用例_用例英文简述
场景描述表示	场景简短描述
图示表示	图示
参与者列表表示	各个参与的系统角色
前置条件表示	该用例发生的前提
主流程表示	按顺序描述主流程
分支流程表示	按顺序描述分流程
后置条件表示	该用例完成后应出现的结果

3.1.6 第六步：功能需求分析

根据分析得到的各个系统用户，先概括性的说明各个系统用户需要做哪些事，然后再进一步详细分析每个功能点的具体功能，即计算机将要帮助用户完成哪些任务。

注意：功能需求分析的读者是程序员，也是系统将来所要实现的功能，所以最好以计算机式的语言加以描述，避免用文学语言进行描述，如表 3.7 所示。

表 3.7 功能需求分析表

系统用户名称	用 户 需 求	具体涉及到的功能点
（系统用户1）	（概括用户1需求）	功能点1
		功能点2
（系统用户2）	（概括用户2需求）	功能点1
		功能点2

3.1.7 第七步：非功能需求分析

非功能需求包括性能需求、安全需求和架构需求等等，除了功能性需求以外的内容都可以在这里进行分析，如表3.8所示。

表3.8 非功能需求分析表

非功能需求	性能需求	具体非功能点 1,2,3
	安全需求	具体非功能点 1,2,3
	架构需求	具体非功能点 1,2,3
	其他需求	具体非功能点 1,2,3

3.1.8 第八步：需求规格说明书

将以上的分析内容加以合并，适当裁剪，就形成了一份内容详实及格式标准的需求规格说明书。参考国家标准，如表3.9所示。

表3.9 需求规格说明书表

需求规格说明书		
1 引言	1.1 编写目的	（编写目的及预期读者）
	1.2 编写背景	（介绍本项目的背景知识）
	1.3 名词定义	（本项目中的一些名词需要加以解释）
	1.4 参考资料	（列出在写作过程中参考的资料）
2 任务概述	2.1 目标	（主要要实现哪些功能，解决哪些实际问题）
	2.2 用户特点	（用户使用软件的喜好和特点）
	2.3 假定和约束	（说明在项目中的工期成本质量等约束条件）
3 需求分析	3.1 功能需求分析	（直接利用第六步的分析结果）（核心部分）
	3.2 非功能需求分析	（直接利用第七步的分析结果）（核心部分）
	3.3 数据管理要求	（本项目对数据精度及输入输出的要求）
	3.4 故障处理要求	（对故障处理方式及时间等的要求）
	3.5 其他要求	（列举其他要求）
4 运行环境	4.1 设备	（本项目所需要的设备）
	4.2 支持软件	（本项目所需要的基础性软件如操作系统中间件等）
	4.3 接口	（本系统与其他系统的接口需求情况）

3.2 社区医院系统需求分析案例解析

3.2.1 案例背景

以下内容稍显枯燥，但是笔者想了想，读者做售前肯定都要写这些，所以还是给了个完整版。

我国"国民经济和社会发展十二五规划纲要"有关国民医疗改革的内容中指出："加快医疗卫生事业改革发展。优先满足群众基本医疗卫生需求。加强公共卫生服务体系建设，扩大国家基本公共卫生服务项目。加强医学人才和医生培养，完善鼓励全科医生长期在基层服务政策。积极稳妥推进公立医院改革，探索形成各类城市医院和基层医疗机构合理分工和协作格局。积极防治重大传染病、慢性病、职业病、地方病和精神疾病。"

糖尿病（Diabetes）是由遗传因素、免疫功能紊乱、微生物感染及其毒素、自由基毒素、精神因素等等各种致病因子作用于机体导致胰岛功能减退、胰岛素抵抗等而引发的糖、蛋白质、脂肪、水和电解质等一系列代谢紊乱综合征，临床上以高血糖为主要特点，典型病例可出现多尿、多饮、多食和消瘦等表现，即"三多一少"症状，糖尿病（血糖）一旦控制不好会引发并发症，导致肾、眼和足等部位的衰竭病变，且无法治愈。

中国现有 9240 万糖尿病患者，患病率达到 9.7%，已经超过印度成为世界上糖尿病患者最多的国家。而且中国糖尿病患病率呈逐渐攀升趋势。2006～2015 年间，糖尿病、心脏病和中风将耗费中国 5580 亿美元。

我国糖尿病系统管理率低，并发症前移，社区医务人员和糖尿病患者对糖尿病系统化管理知识匮乏，而且我国尚无社区层面预测糖尿病并发症风险评估模型。据 WHO 预测，2025 年糖尿病将消耗我国 1/3 以上的医疗卫生资源！糖尿病严重危害我国人民健康与经济发展。

国家大力发展我国的医疗事业，解决现有的很多医疗问题。建立糖尿病社区服务网络平台，符合国家指示精神、能够节约社会资源和方便病患就医看病。为了能够真正使医疗资源得到充分的利用，发挥众多社区医院的医疗功能，使病患能够得到全面、省时、高质量和低价位的治疗，大力发展糖尿病社区服务网络平台十分必要。

3.2.2 医院访谈调研

先来几张访谈表看看。

1. 访谈1（患者）：

用户访谈表
被访人员信息
姓名：XX　　　　　　　　　　　　　部门：糖尿病专科
职位：无　　　　　　　　　　　　　级别：无
用户访谈记录
患者：我就是希望能得到医生一对一的治疗，这样的话治疗质量高，效果好。
访谈者：如果我们开发一套系统，让您可以自己填写每天的病情，让医生每天都给您医嘱，您觉得怎么样？
患者：要是那样就太好了。如果医生能够不仅给我医嘱，还能和我面对面的诊断，就更好了。
访谈者：可以的，我们的软件系统也支持远程诊断功能。
患者：如果那样，真是太方便了。
整理故事
患者希望能在本系统的电子病历中录入各项指标，可以查看社区医生和专家医生的医嘱，可以与专家医生远程视频诊断。
整理人：XX
访谈用户确认：XX
负责人确认：XX

2．访谈 2（医生）：

用户访谈表
被访人员信息
姓名：XX　　　　　　　　　　　　　部门：糖尿病专科 职位：社区主任医生　　　　　　　　级别：主任医生
用户访谈记录
社区主任医生：现在社区里一般的糖尿病都能应付，就是碰到一些并发症就很难解决，需要找大医院的专家进行协助了。 访谈者：就是说，平时护理咱们社区都能应付吧。 社区主任医生：是的，平时日常护理没问题。 访谈者：那在我们开发的系统中，可以让您向大医院的专家申请协助治疗。 社区主任医生：专家医生也在咱们系统中吗？ 访谈者：是的，都是可以互相联系的。 社区主任医生：好，那不错
整理故事
社区主任医生希望碰到疑难病症的时候，可以向专家医生申请协助治疗。
整理人：XX
访谈用户确认：XX
负责人确认：XX

3．访谈 3（医生）：

用户访谈表
被访人员信息
姓名：XX　　　　　　　　　　　　　部门：糖尿病专科 职位：社区医生　　　　　　　　　　级别：科员
用户访谈记录
访谈者：咱们社区里糖尿病患者多吗？

社区医生：数量还是不少的。主要是需要密切监视他们的一些病情变化，如果发生并发症就麻烦了。所以每天最好都能了解一下他们的情况。
访谈者：那咱们系统可以满足，患者每天都会填写自己信息的，您看到以后，就可以给出医嘱了。
社区医生：是的，那样的话，我每天都可以及时掌握每个患者的情况了。
整理故事
社区医生希望每天可以查看患者信息并给出医嘱。
整理人：XX
访谈用户确认：XX
负责人确认：XX

4．访谈 4（专家）：

用户访谈表	
被访人员信息	
姓名：XX	部门：糖尿病科
职位：知名专家	级别：专家医生
用户访谈记录	
访谈者：您好，您平时工作挺忙的吧？	
知名专家：是啊，门诊挺多，社区患者也不能落下。工作还是挺忙的。	
访谈者：理解。咱们系统就是为了减轻您的工作量的，通过远程视频诊断，您可以对社区患者的疑难杂症进行协助治疗。	
知名专家：在电脑面前就可以治疗吗？	
访谈者：是的。	
知名专家：那挺方便啊，我愿意试试。	
整理故事	
知名专家对患者进行远程视频诊断。	
整理人：XX	
访谈用户确认：XX	
负责人确认：XX	

5．访谈 5（医生）：

用户访谈表	
被访人员信息	
姓名：XX	部门：糖尿病科
职位：专家医生	级别：专家医生
用户访谈记录	
专家医生：我们平时也想多帮帮社区患者，就是没时间，去不了社区。	
访谈者：那没关系，我们系统可以帮助您，社区的事儿平时社区医生就可以护理，就是碰到一些疑难并发症的时候，需要您给出一些指导意见。	
专家医生：那可以，在网上给指导意见吧，没问题。	
访谈者：关于患者每天的病情变化和社区医生医嘱，您都可以查阅到，应该还是对您有帮助的。	
专家医生：有病历最好，治疗起来就能够有的放矢了。	
整理故事	
专家医生可以查看患者病历，对疑难病症给予医嘱。	
整理人：XX	
访谈用户确认：XX	
负责人确认：XX	

3.2.3　岗位职责分析

岗位	职责	备注
糖尿病患者	在电子病历中录入各项指标，可以查看社区医生和专家医生的医嘱，可以与专家医生远程视频诊断	无
社区主任医生	可以向专家医生申请协助治疗	无
社区普通医生	可以查看患者信息并给出医嘱	无
知名专家医生	对患者进行远程视频诊断	无
普通专家医生	可以查看患者病历，对疑难病症给予医嘱	无

3.2.4 系统用户分析

岗位	职责	系统用户	业务需求
糖尿病患者	在电子病历中录入各项指标	患者	患者可以在电子病历中录入自己各项指标,并能够查看社区医生和专家医生的医嘱,还可以与专家医生远程视频诊断
糖尿病患者	可以查看社区医生和专家医生的医嘱		
	可以与专家医生远程视频诊断		
社区主任医生	可以向专家医生申请协助治疗	社区医生	社区医生可以在系统中查看患者信息并给出医嘱,还可以向专家医生申请协助
社区普通医生	可以查看患者信息并给出医嘱		
知名专家医生	对患者进行远程视频诊断	专家医生	专家医生可以查看患者病历,给出医嘱。还可以查看社区医生的申请并支持远程诊断
普通专家医生	可以查看患者病历,对疑难病症给予医嘱		

3.2.5 用户场景分析

【总场景分析】

系统角色	业务需求	用户场景
患者	患者可以在电子病历中录入自己的各项指标,并能够查看社区医生和专家医生的医嘱,还可以与专家医生远程视频诊断	患者打开系统,进入自己的电子病例页面,录入各项指标,保存后退出电子病例
		患者登录系统后,打开自己的电子病历、查看社区医生给自己的医嘱后,保存电子病历
		患者登录系统后,打开自己的电子病历、查看专家医生给自己的医嘱后,保存电子病历
		患者登录系统,打开远程视频诊断,与专家医生进行视频诊断后,关闭视频诊断

续表

系统角色	业务需求	用户场景
社区医生	社区医生可以在系统查看患者信息并给出医嘱，还可以向专家医生申请协助	社区医生登录系统，打开患者的电子病历，查看患者病历并给出医嘱后，保存电子病历
		社区医生登录系统，申请专家医生协助，得到反馈信息
专家医生	专家医生可以查看患者病历，给出医嘱。还可以查看社区医生的申请并支持远程诊断	专家医生登录系统，查看来自社区医生的申请，审核来自社区医生的申请
		专家医生登录系统，查看患者电子病历，给出医嘱
		专家医生登录系统，打开远程诊断，进行远程诊断

【患者角色分场景】

场景 1

用户场景名称	患者_患者每天把各项指标录入进系统
用户场景代码	userscenario.patients_patients-put-index-into-system
场景描述	患者打开系统，进入自己的电子病例页面，录入各项指标，保存后退出电子病例

场景 2

用户场景名称	患者_患者获取社区医生的医嘱
用户场景代码	userscenario.patients_patients-get-communitydoctor-advice
场景描述	患者登录系统后，打开自己的电子病历、查看社区医生给自己的医嘱后，保存电子病历

场景 3

用户场景名称	患者_患者获取专家医生的医嘱
用户场景代码	userscenario.patients_patients-get-professional-doctor-advice
场景描述	患者登录系统后，打开自己的电子病历、查看专家医生给自己的医嘱后，保存电子病历

场景 4

用户场景名称	患者_患者与专家医生远程视频
用户场景代码	userscenario.patients_patients-remotediagnose-with-professionaldoctor
场景描述	患者登录系统，打开远程视频诊断，与专家医生进行视频诊断后，关闭视频诊断

【社区医生角色分场景】

场景 1

用户场景名称	社区医生_社区医生查看患者电子病历
用户场景代码	userscenario.communitydoctor_communitydoctor-review-record
场景描述	社区医生登录系统，打开患者的电子病历，查看患者病历并给出医嘱后，保存电子病历

场景 2

用户场景名称	社区医生_社区医生申请专家协助
用户场景代码	userscenario.communitydoctor_communitydoctor-apple-help
场景描述	社区医生登录系统，申请专家医生协助，得到反馈信息

【专家医生角色分场景】

场景 1

用户场景名称	专家医生_专家医生审核社区医生的申请
用户场景代码	userscenario.professionaldoctor_professionaldoctor-judge-apply
场景描述	专家医生登录系统，查看来自社区医生的申请，审核来自社区医生的申请

场景 2

用户场景名称	专家医生_专家医生对患者给出医嘱
用户场景代码	userscenario.professionaldoctor_professionaldoctor-give-advise
场景描述	专家医生登录系统，查看患者电子病历，给出医嘱

场景 3

用户场景名称	专家医生_专家医生对患者进行远程视频诊断
用户场景代码	userscenario.professionaldoctor_professionaldoctor-give-remotediagnose
场景描述	专家医生登录系统，打开远程诊断，进行远程诊断

患者每天都会通过测量仪器把自己的身体状况的各项指标输入进本系统中，如果各项指标正常，系统不会报警；如果数据指标有异常，系统会自动报警，社区医生看到报警后，会判断一下病情轻重；如果轻微，社区医生会自行处理，如果病情严重，社区医生会向专家医生报告，交由专家医生处理，本系统支持远程视频诊断，流程如图 3-2 所示。

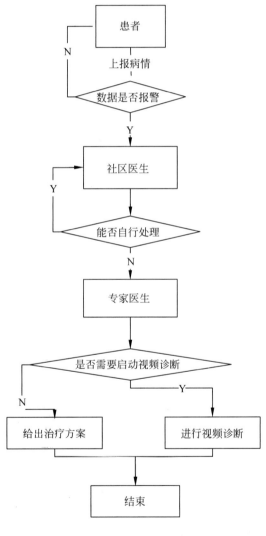

图 3-2　系统整体流程

顶层数据流程如图 3-3 所示。

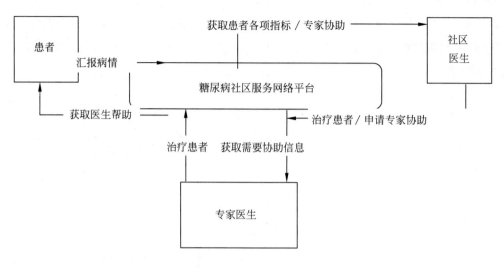

图 3-3　顶层数据流程

底层数据流程如图 3-4 所示。

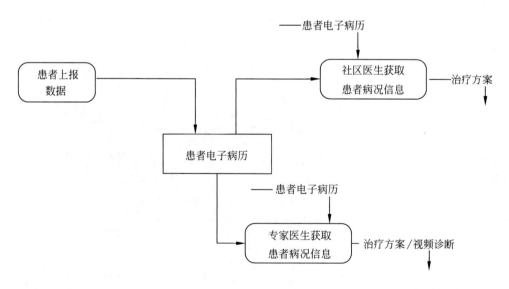

图 3-4　底层数据流程

3.2.6 用户用例分析

【患者用户用例】

用例 1

用例名称表示	患者_患者每天把各项指标录入进系统_录入病情
用例代码表述	Usecase_Input-patients-index
场景描述表示	患者每天把各项指标录入进系统
图示表示	无
参与者列表表示	患者
前置条件表示	患者登录系统
主流程表示	1. 患者登录系统 2. 打开自己的电子病历 3. 录入自己每日的病情 4. 保存电子病历
分支流程表示	无
后置条件表示	系统提示保存成功

用例 2

用例名称表示	患者_患者查看社区医生的医嘱_获取社区医生医嘱
用例代码表述	Usecase_Get-communitydoctor-advise
场景描述表示	患者查看社区医生的医嘱
图示表示	无
参与者列表表示	患者 社区医生
前置条件表示	患者登录系统
主流程表示	1. 患者登录系统 2. 打开自己的电子病历 3. 查看社区医生给自己的医嘱 4. 保存电子病历
分支流程表示	无
后置条件表示	系统提示保存成功

用例 3

用例名称表示	患者_患者查看专家医生的医嘱_获取专家医生医嘱
用例代码表述	Usecase_Get-professionaldoctor-advise
场景描述表示	患者查看专家医生的医嘱
图示表示	无
参与者列表表示	患者 专家医生
前置条件表示	患者登录系统
主流程表示	1．患者登录系统 2．打开自己的电子病历 3．查看专家医生给自己的医嘱 4．保存电子病历
分支流程表示	无
后置条件表示	系统提示保存成功

用例 4

用例名称表示	患者_患者与专家医生视频诊断_获取专家医生视频诊断
用例代码表述	Usecase_ remotediagnose -with-professionaldoctor
场景描述表示	患者与专家医生视频诊断
图示表示	无
参与者列表表示	患者 专家医生
前置条件表示	患者登录系统
主流程表示	1．患者登录系统 2．打开远程视频诊断 3．与专家医生进行视频诊断 4．关闭视频诊断
分支流程表示	无
后置条件表示	系统提示保存成功

【社区医生用户用例】

用例 1

用例名称表示	社区医生_社区医生查看患者病历_查看病历
用例代码表述	Usecase_ Communitydoctor -Review-Record
场景描述表示	社区医生查看患者病历
图示表示	无
参与者列表表示	社区医生 患者
前置条件表示	社区医生登录系统
主流程表示	1．社区医生登录系统 2．打开患者的电子病历 3．查看患者病历并给出医嘱 4．保存电子病历
分支流程表示	无
后置条件表示	系统提示保存成功

用例 2

用例名称表示	社区医生_社区医生申请专家协助_申请协助
用例代码表述	Usecase_ Communitydoctor -Apply-Help
场景描述表示	社区医生申请专家协助
图示表示	无
参与者列表表示	社区医生 专家医生
前置条件表示	社区医生登录系统
主流程表示	1．社区医生登录系统 2．申请专家医生协助 3．得到反馈信息
分支流程表示	无
后置条件表示	系统提示保存成功

【专家医生用户用例】

用例 1

用例名称表示	专家医生_专家医生审核社区医生的申请_审核申请
用例代码表述	Usecase_ Professionaldoctor -Judge-Apply
场景描述表示	专家医生审核申请
图示表示	无
参与者列表表示	社区医生 专家医生
前置条件表示	专家医生登录系统
主流程表示	1. 专家医生登录系统 2. 查看来自社区医生的申请 3. 审核来自社区医生的申请
分支流程表示	无
后置条件表示	系统提示保存成功

用例 2

用例名称表示	专家医生_专家医生对患者给出医嘱_给出医嘱
用例代码表述	Usecase_ Professionaldoctor -Give-Advise
场景描述表示	专家医生给出医嘱
图示表示	无
参与者列表表示	患者 专家医生
前置条件表示	专家医生登录系统
主流程表示	1. 专家医生登录系统 2. 查看患者电子病历 3. 给出医嘱
分支流程表示	无
后置条件表示	系统提示保存成功

用例 3

用例名称表示	专家医生_专家医生对患者进行远程视频诊断_远程诊断患者
用例代码表述	Usecase_ Professionaldoctor -Give-RemoteDiagnose
场景描述表示	专家医生给出远程诊断
图示表示	无
参与者列表表示	患者 专家医生

前置条件表示	专家医生登录系统
主流程表示	1．专家医生登录系统 2．打开远程诊断 3．进行远程诊断
分支流程表示	无
后置条件表示	系统提示保存成功

3.2.7 功能需求分析

1．专家医生模块

专家医生模块主要是协助专家医生处理糖尿病治疗工作的模块。包括以下五个子模块：当前任务、社区医生管理、患者管理、在线交流和科研统计。

其中，当前任务是指专家医生今日的任务，主要是治疗经社区医生推荐上来的患者。社区医生管理的主要功能是给下辖的社区医生发布各种治疗方案以及和社区医生在留言簿进行非及时性的交流。患者管理功能主要是管理专家医生治疗过的患者的病历，可以对病历进行增、删、改和查等操作。在线交流功能主要是通过手机短信、电子邮件和在线视频使专家医生与社区医生，患者进行线上沟通。科研统计也是本系统的一个重要的功能，基于本系统收集的大量数据，专家医生对这些数据进行统计和分析，得到所需要的科研成果。

（1）当前任务

当前任务模块主要功能是专家医生处理当天的医疗任务。其任务主要是治疗由社区医生推荐上来的患者。在患者基本信息中，专家医生可以查看患者基本信息、血压趋势图和血糖趋势图，还可以预测患者病情发展，查看患者病历，以及给出治疗建议。报警患者是指检测指标超过标准值范围的患者，对于报警患者的超标指标，本系统会用红色标志。

单击"详细病历"后，可以看到详细病历页面，医生给出医疗建议的页面与详细病历页面完全一样。

（2）社区医生管理

社区医生管理模块的主要功能是专家医生对下辖的社区医生进行管理，有四个功能，一个是向社区医生下发各种治疗、保健、康复和预防方案；另一个是类似于留言板功能，与社区医生可以进行非及时性交流；还有一个是查看社区医生介绍。

（3）患者管理

患者管理模块的主要功能是专家医生可以管理在自己这里所有看过病的患者信息。进入患者病历和给出治疗建议页面与当前任务里的页面相同，就不在这里重复了。

（4）在线交流

专家医生可以和社区医生、患者进行在线交流。在线交流方式有三种：手机短信、电子邮件和在线视频。

（5）科研统计

本系统带有科研任务，所以在本功能模块，从患者类型的角度对各项科研指标要加以统计。把患者分为手机干预组、网络干预组、手机＋网络干预组、两者皆无组，然后再统计各组的指标。

2. 社区医生模块

社区医生模块的主要功能是协助社区医生做好本社区的糖尿病医疗工作。本模块包括当前任务、患者模块、专家模块和在线交流四个子模块。在当前任务模块，社区医生可以查看今日需要治疗患者的各项指标、趋势图和预测信息等，并根据获取的信息给出有针对性的治疗方案，还可以推荐患者给专家医生治疗。在患者模块中，社区医生管理自己治疗过的所有患者的病历。在专家模块中社区医生可以学习专家医生给自己的各种医疗方案，同时也可以和专家医生在留言簿上进行沟通，进行非及时性交流。在线交流的主要功能是通过手机短信、电子邮件和在线视频社区医生与专家医生、患者进行在线交流。

（1）当前任务

社区医生进入当前任务模块之后，会看到患者列表，可以查看到每个患者的详细信息，包括患者基本信息、患者的各项关键性指标和各项计划。每项关键性指标都包含有趋势图，还有每个患者的预测信息。需要推荐给专家医生诊治的患者，还可以推荐给专家医生。

（2）患者模块

通过此模块，社区医生可以查看并治疗自己治疗过的所有患者。患者可以用血压和血糖等指标来分类查询。如果患者需要专家诊治，可以在本模块下推荐给相应的专家医生。

（3）专家模块

在专家模块中，社区医生和专家医生进行沟通，交流心得体会，本功能类似于留言板，是一种非及时性的交流。通过方案管理，可以查看专家医生给社区医生的各种医疗方案。通过专家医生介绍，可以了解专家医生的详细信息。

（4）在线交流

社区医生可以和专家医生、患者进行在线交流。在线交流方式有三种：手机短信、Email 和在线视频。

3．患者模块

患者模块的主要功能是帮助患者汇报病情并及时获得治疗方案。包括我的病历、我的个性化方案、今日状况汇报和在线交流。在我的病历模块中，患者可以通过时间选择查看自己的病历。在我的个性化方案模块中，患者可以查看社区医生为自己制定的预防方案、治疗方案、康复方案和保健方案。在今日状况汇报模块中，患者可以向医生汇报自己的各项关键性指标和病情描述。在在线交流模块中，患者可以通过手机短信和电子邮件，在线视频和社区医生，专家医生进行及时在线交流。

（1）我的病历

患者进入我的病历模块，可以根据时间查看自己的病历情况，可以查看各项，例如血压、血糖、体重和血脂等关键性指标。

（2）我的状况

患者可以在本模块查看自己各项指标的趋势图。

（3）我的个性化方案

在本模块，患者可以查看社区医生为自己量身订做的个性化治疗方案，包括预防方案、治疗方案、保健方案和康复方案，通过选择日期就可以查看相应的方案。也可以查看前一段时间采用治疗方案后的健康改善情况。

(4)今日状况汇报

今日状态汇报模块中,患者可以使用该模块汇报今日的病况,包括血压、体重、血脂和血糖等几个主要指标和病情描述。

(5)在线交流

患者可以和专家医生、社区医生进行在线交流。在线交流的方式有三种:手机短信、Email 和在线视频。

3.2.8 非功能需求分析

1. 表现层需求

系统操作界面应具有较高的响应速度,较好的用户操作体验。系统操作界面要简约方便和易于学习使用,常用的功能做成类似于快捷方式的链接可以随时进入这些功能区。

2. 业务层需求

业务层要独立于任何框架技术以便于新技术出现以后容易切换到新的技术或平台。各模块要相对独立,以便于模块重用。业务层需要具有最大程度的灵活性,要具有可扩展性,以满足近期可能发生的需求变更。

3. 数据持久层需求

数据持久层要独立于底层数据库,便于将来切换数据库产品。数据持久层的实现要独立于具体实现技术,便于将来切换实现技术。

4. 性能需求

由于本系统的使用范围十分广泛,涉及公立医院、各社区医院及广大的糖尿病患者,据某市卫生局的统计,截止到目前为止,市糖尿病患者数量已经达到 120 万人。所以本系统设计的时候应充分考虑患者数量,要求有较高的响应速度和良好的用户体验。

以上这些非功能性需求是本系统采用技术整合开发的主要依据，所涉及到的技术有：ASP.NET、Spring.NET、NHibernate、Ajax 和 Sliverlight 等。

3.2.9　需求规格说明书

本小节应该是给一份完整的需求规格说明书。因为 3.2 节主要是需求分析的思路，前面已经把思路都说清楚了，笔者觉得没必要再把完整的需求规格说明书列出来（篇幅所限）。读者如果真正掌握了需求分析的思路的话，写出完整的需求规格说明书肯定是一件很容易的事了。

如果读者还有很多疑问，也可以去笔者发起的"售前之道"论坛提问，有很多售前高手在这里等你挑战！

第4章 售前要"能说"、"会道"

前面提到售前的基础素质是:会写、会说、会想。为什么我们不叫"销前"而叫"售前"?除了说出来好听顺畅外,还有一个原因是这个"口"字偏旁。

售前必须是一个能说的售前、必须是一个会沟通的售前、必须是一个能让客户听明白你在说什么的售前。

所以,沟通(能说)和呈现(会道)对于一名售前而言意义重大。在现代社会,PPT演讲和PPT制作可以说是贯穿售前工作的始终,也是售前必备的技能之一。所以本章着重阐述如何提高演讲能力和PPT制作能力。在演讲能力方面,需要在演讲前做好准备工作,在演讲中注意方式和方法才能最终实现演讲的目标;在PPT制作技能上,主要从PPT整体思路、图形美观和使用图表等方面进行说明,下面分别进行讲解。

4.1 如何提高演讲能力

作为售前,PPT演讲能力至关重要:
对客户,需要进行售前方案的演讲;
对专家,需要进行申报项目的演讲;
对主管,要进行汇报工作的演讲;
对销售,要进行技术培训的演讲;
……

作为一名售前,想成为一名成功的售前人员,如何提高演讲能力、如何克服演讲中的紧张以及自卑的心理,如何成功的完成PPT演讲任务,是摆在售前人员面前的一道难题。

利用 PPT 辅助演讲的优势很多：比如可以节省时间、可以更清晰直观的表达观点和可以表达文字很难表达的内容。总之，使用了 PPT 以后，希望演讲的效果更加显著，沟通效率更高。但是这些都不能代替演讲者前期的准备工作和现场的生动演讲。因为，演讲的核心和关注点都是演讲者，而不是 PPT，PPT 永远都是配角，主角是演讲者。

4.1.1 演讲前的准备工作

做 PPT 演讲，售前需要明白：
- 为什么要做这个 PPT 演讲？
- 目的是什么？
- 听众是谁？

比如对于售前去给客户演讲售前方案，目的是希望客户认可本方案并产生购买软件的欲望，听众是能够进行购买决策的客户；对于售前给专家进行申报项目的演讲，目的是希望专家能够认同本方案，批准拨付资金，听众是能够最终拍板的专家；对于售前给公司主管的汇报工作演讲，目的是希望主管认可自己的工作成绩，最好能够升职加薪；对于售前给销售做的培训，目的是提高销售的技术水平，提高销售的签单率，听众是整个销售团队。

所以根据不同的目标和听众，准备也有所不同。所谓知己知彼百战不殆，了解对方，有针对性的进行演讲，往往事半功倍。下面分 5 步来介绍。

1. 了解听众

听众是这场演讲需要被说服的对象，所以演讲者必须对听众的情况加以调查和了解。一般而言，对于能够拍板或做决策的关键性人物应该重点了解，比如对他的姓名、年龄、性别、职位和专业等信息应该了解。通过了解这些信息，可以思考如何在演讲中打动说服关键性人物。

2. 熟悉主题

任何一个演讲都会有一个主题。比如售前去客户那儿演示本公司的技术方案，主题就是"介绍本公司的技术方案"；比如售前去给专家进行申报项目的演讲，主题就是"XX 项目的申报"；比如售前给本部门领导的工作汇报，主题就是"本人 XX 年度的工作汇报"等等。每个演讲都应该有一个鲜明的主题，这样才能让听众方和演讲方都把精力集中到这个点上来，从而在一个时间段高效的完成演讲和沟通的任务。

3. 搜集材料

搜集材料是工作量很大的工作。在提纲列好之后，就需要开始搜集材料。搜集材料的渠道很多，可以通过网络搜索，也可以通过书籍资料来搜集。搜集材料的过程同时也是一个思考取舍的过程，那些最符合主题的材料将被留下来，同时也是考验演讲者对于主题和材料取舍的把握能力。

4. 准备演讲稿

即使已经做了 PPT，演讲稿也还是需要准备的。并不是要求演讲者逐行逐字的去念演讲稿，主要还是帮助演讲者梳理思路。演讲者通过准备演讲稿的这个过程，才能够对演讲的整体架构以及各部分的细节都能够非常熟悉，这样才能在演讲中达到自信从容的境界。

5. 反复练习

在正式演讲前的反复练习是十分重要的。可以在家对着镜子练习，也可以提前到演讲现场进行现场练习。即使是非常有名的演讲家，他们在每一次演讲前，也会非常勤奋的加以练习，这对于熟悉演讲主题和内容、增强演讲的感染力，提高演讲的成功率是非常重要的。

4.1.2 演讲时的注意事项

1. 增强自信心

自信是一种魅力,演讲者如果能够给人一种自信的感觉,对于演讲成功是非常重要的。所谓自信,就是相信通过自己的努力最终可以成功。自信是建立在深厚学识和勤学苦练基础之上的,并不是盲目的。对于一名演讲者而言,首先自己要了解听众,了解演说内容,能够计划好演讲时间,了解自己的长处短处,最终设计并实施最有效的演讲策略,达到演讲目的,才是真正的自信。

2. 注意讲故事

讲故事是一种很好的沟通技巧,可以说是人人欢迎的,不喜欢听故事的人没有几个。如果你在演讲的时候能够合理的运用讲故事的技巧,那么你的演讲就成功了一大半了。既然要讲故事,那么关于故事的时间地点人物,前因后果以及中间的矛盾冲突都需要交代清楚,才能推动故事一步步向前发展,所以讲好故事,让听众喜欢听,是演讲的一大技巧。

对于售前而言,可能经常是汇报工作,不是故事会。那么就需要把逻辑贯彻到演讲的过程中,按照逻辑思路来进行讲述,其实这也可以理解成是另外一种形式的故事。

3. 注意使用幽默

幽默是人类独有的一种特殊技能。运用得当往往会取得非常好的效果,能够化尴尬为欢笑,能够把死气沉沉的场面变得生动活泼。幽默不是故意搞笑,也不是冷笑话,而是内化于心外化于行的一种机智、学识和洞察力的一种高级的体现,需要很深厚的修为。所以演讲者在平时应该注意培养训练自己的幽默感,才能在演讲现场自然的流露。

4. 注意目光交流

与听众的目光交流是一种坦诚的表示,表明"我是诚实可靠及堂堂正正的",也表明"我并不是强迫您接受我的观点,我愿意交流"。所以目光交流其实也是自信心的一种外在的体现,如果没有目光交流,则显得没有自信,试想一个连自己都不能相信的人又如何说服别人相信自己呢？所以在演讲中，目光交流是必要的。

5. 注意姿态声调

姿态和声调也是需要注意的地方。对于男士，如果有一身笔挺的西装，既提升了自己的形象，也表示了对听众的尊重，对于女士，着装的意义也是一样的，何乐而不为呢？对于声调，应该以声音洪亮，情绪饱满为佳。试想一个弱不禁风的声音，又如何打动听众？又如何能实现演讲者的演讲目标呢？所以演讲者的姿态和声调也是十分重要的。

4.2 如何提高PPT的制作能力

想要提高PPT制作能力，需要在以下两点下功夫：清晰的展示思路和漂亮的PPT制作。目的还是为了传达有价值的信息给听众。在听众中，通常只有20%的听众具有决定权。在商务PPT汇报中，通常最重要的听众就是领导。所以在展示PPT之前，需要弄清领导最想得到的信息是什么，然后再形成清晰的PPT展示思路，辅之以漂亮的PPT页面，打动人心的演讲，才能达到最好的演示效果。

4.2.1 形成PPT思路

PPT的种类有很多，在这里还是以商务PPT为主进行分析，其主流思路一般有SCQA结构、PREP结构、AIDA结构和FAB结构等。

1. SCQA结构

- S（Situation）：背景
- C（Complication）：冲突
- Q（Question）：问题
- A（Answer）：答案

在该结构中，SCQA是层层递进的关系，由背景引出冲突，由冲突引出问题，由问题引出答案。这种结构的思路特别清晰，有利于将整件事的来龙去脉，问题答案都交代清楚。

【举例说明】某上级领导到本公司视察，本公司领导需要向上级领导汇报信息化系统的建设情况，着重需要展示存在的问题和解决办法，让我做一个PPT给他。我做的PPT思路如下。

- S（背景）：本公司最近几年信息化建设的历史进程和现状。
- C（冲突）：成就巨大但也存在一些问题，如缺乏顶层设计及存在信息孤岛现象。
- Q（问题）：为什么会出现这些问题。
- A（答案）：现在采取的一些措施，如加强顶层设计及信息系统规划等环节。

2. PREP结构

- P（Position）：提出观点
- R（Reason）：理由
- E（Example）：举个例子
- P（Position）：强调观点

在该结构中，采用开门见山式的方式提出观点，后续的理由和例子都是支撑前面提出的观点，最后再强调观点，这种结构适合于提出自己的观点。

【举例说明】某上级领导到本公司视察，本公司领导需要向上级领导汇报信息化系统的建设情况。着重回答对本公司而言，信息系统建设是利大于弊还是弊大于利，让我做一个PPT给他。我做的PPT思路如下。

- P（提出观点）：信息系统建设对本公司而言是利大于弊。
- R（理由）：1. 信息化是大势所趋，需要跟上时代的潮流；2. 有利于提高本公司工作效率，实现标准化管理。
- E（举例）：1. 信息系统上线之后，对公司整体而言，营业额提高XX万元；2. 信息系统上线之后，各部门效率分别提高XX。
- P（强调观点）：信息系统建设对本公司而言是利大于弊。

3. AIDA结构

- A（Attention）：注意

- I（Interest）：兴趣
- D（Desire）：欲望
- A（Action）：行动

在该结构中，直接切入听众最感兴趣的部分，引起听众的兴趣，说明为了实现目标，下一步需要的行动。这种结构适合说服听众采取行动。

【举例说明】某上级领导到本公司视察，本公司领导想建设一个标准化管控系统，希望能说服上级领导同意和批资金，让我做个PPT给他。我做的PPT思路如下。

- A（注意）：最近本公司在管理上碰到一些问题。
- I（兴趣）：本公司管理流程众多，经常有人不按标准化流程办事，给管理带来困扰。如果能上马一套标准化管控系统，就可以解决这个问题。
- D（欲望）：希望上级领导能支持和批准本公司这一计划。
- A（行动）：列举详细的所需资金数额及用途。

4．FAB结构

- F（Features）：卖点
- A（Advantages）：优势
- B（Benefit）：价值

在该结构中，直接点出了产品的卖点和优势，展现了产品的价值。本结构适合推销产品。

【举例说明】某上级领导来本公司视察，本公司领导想把本公司自主开发的一套软件通过上级领导推销到兄弟单位去，让我做个PPT给他，我的PPT思路如下。

- F（卖点）：本公司开发的标准化管控系统能够将公司所有流程纳入标准化管控体系，杜绝有人不按标准流程办事的习气，所有办事流程均有相关记录。
- A（优势）：除了能够解决标准化管理问题之外，系统本身功能强大，性能稳定。
- B（价值）：性价比高，物美价廉。

4.2.2 使得PPT美观

如何使得PPT美观，从观念思路上考虑，最好实现文字图形化和风格统一化；从具体方法上考虑,可以利用搜索引擎搜索图片以及自己动手制作图片,具体内容如下所示。

【观念思路】

(1) 文字图形化

要想做好 PPT,不能把 PPT 当成 Word 使用,密密麻麻全是字,而是应该充分展示出 PPT 的图片优势。需要把文字材料转化成图形,主要利用图形或图片来展示文字材料的核心思想,让观众一目了然。作者建议可以利用二八定律,即 20%的文字,80%的图片,如图 4-1 所示。

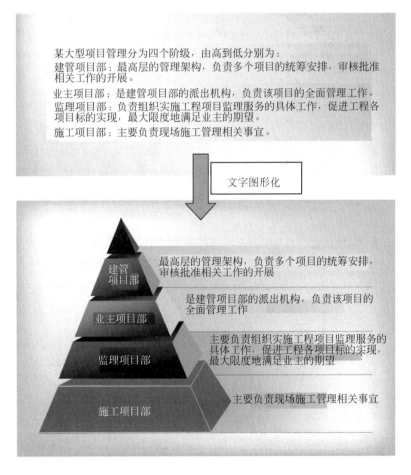

图 4-1 文字图形化

(2)风格统一化

对于 PPT 的整体风格,应该保持一致。许多朋友在使用图片上一般是找到什么图片使用什么图片,这样一来,风格就很难保持统一,整体视觉不美观。所以作者建议在模板的选取上就应该考虑模板的风格是否和表达主题相一致,在图片和模板的匹配上就应该考虑图片风格和模板的风格是否保持一致。最终整体 PPT 呈现出的风格应该保持前后统一,如图 4-2 所示。

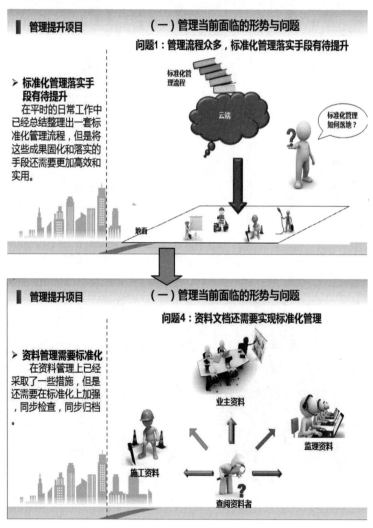

图 4-2 风格统一化

【具体方法】

(1) 利用搜索引擎搜索图片

在具体搜索图片素材的时候，可以充分使用百度和谷歌的图片搜索功能。如想表达"公司业绩不断增长"这一主题，在搜索引擎中输入"业绩"，就可以搜索到许多关于业绩的图片，如果图片正好符合您的表达意图，也可以直接使用；如果不太符合，可以参考其设计，重新自行设计制作，如图4-3所示。

图 4-3　搜索图

(2) 自己动手制作图形

图形一般包括两种：平面图形和立体图形。平面图形的制作较为简单，立体图形的制作较为复杂。平面图形的制作可以利用Office自带的图形，也可以自己在这些图形的基础上修改和组合，形成新的平面图形；对于立体图形，虽然制作起来比较复杂，但是只要掌握制作技巧，也能自行开发出美观的立体图形，如图4-4所示。

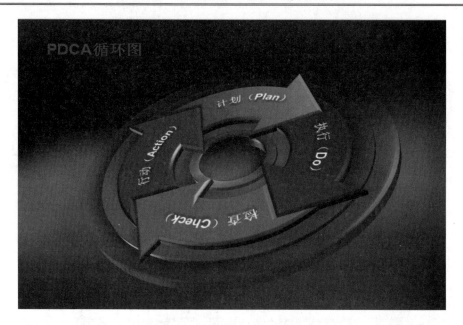

图 4-4 立体图形图

4.3 如何更准确地运用图表

图表的使用十分广泛，是非常重要的表达工具。用得好的话，一张图表可以胜过千言万语。但是在实际应用中，却常常存在图表给人的感觉和作者想表达的意思相去甚远的情况。对于这种情况，就需要加以注意，本节就是研究如何准确使用图表，如何正确使用图表来表达作者想表达的意思。下面来看一个表达失败的例子，该作者是想说明公司的销售额年年上涨，公司业绩蒸蒸日上。但是该图不仔细看，还以为公司销售业绩年年下滑，如图 4-5 所示。

当然，该图的主要表达问题是把时间顺序放反了，应该从 2011 年列举到 2015 年，而不是从 2015 年列举到 2011 年。但是引申出的问题十分重要，即表达者必须考虑观看者或接受者的感受。通过图形表达，应该能让观看者正确而迅速的理解表达者的意思。

图 4-5 销售趋势图

【小白疑问】学了这么多,到底如何正确使用图表呢?

牢记这三步:

- 获取想要表达的信息;
- 分析信息中的相对关系;
- 选择合适的图表来表达其相对关系。

信息中的相对关系可以分为 5 种:成分相对关系、排名相对关系、时间相对关系、频率相对关系和相关性相对关系。经常使用的图表也可以分为5种:饼状图、柱状图、曲线图、散点图和条状图。信息相对关系和图表的对应关系如表4.1 所示。

表 4.1 对应关系表

序 号	信息相对关系	对 应 图 表
1	成分相对关系	饼状图
2	排名相对关系	条状图
3	时间相对关系	曲线图、柱状图
4	频率相对关系	曲线图、柱状图
5	相关性相对关系	散点图、柱状图

1. 成分相对关系

成分相对关系就是各部分所占百分比是多少。碰到"百分比",一般都是成分相对关系。对于成分相对关系,使用饼图最能准确表达其含义。例如,硕士以上学历的员工占公司总人数的 22%,如图 4-6 所示。

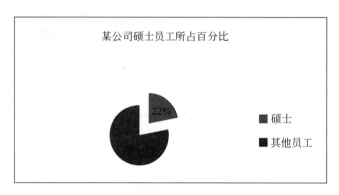

图 4-6　硕士员工所占百分比图

2. 排名相对关系

排名相对关系主要是想表达各个事务之间的排名关系。关键词如大于、小于、等于和名次等。对于排名相对关系,条状图最能正确表达其含义。如 2015 年某软件公司的银行事业部业绩第一,电力事业部业绩第二,教育事业部业绩第三,如图 4-7 所示。

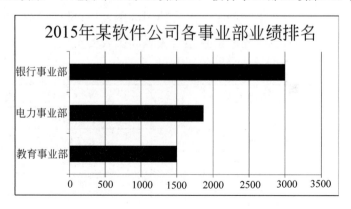

图 4-7　事业部排名图

3．时间相对关系

时间相对关系是指事物随着时间的变化而不断变化。关键词如上升、下降和上下波动等。对于时间相对关系最适合的图表是曲线图及柱状图。如 2015 年某公司各季度的销售业绩不断波动，如图 4-8 所示。

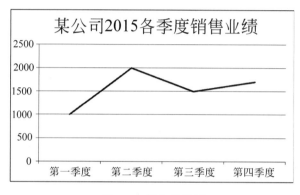

图 4-8　销售业绩图

4．频率相对关系

频率相对关系是表达大多数情况发生在一个区间范围，关键词是从 X～Y。最适合表达频率相对关系的是曲线图及柱状图。如某公司 90%的员工月工资范围是在 5000元～15000 元，如图 4-9 所示。

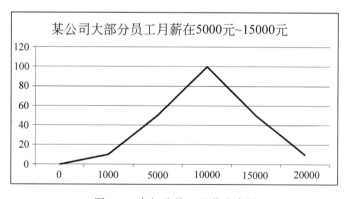

图 4-9　大部分员工月薪分布图

5．相对性相对关系

相对性关系表达的是两个变量的变化并不存在很强的规律性。最适合相对性相对关系的是散点图。如公司的研发投入和公司利润增长并不存在正比关系，如图 4-10 所示。

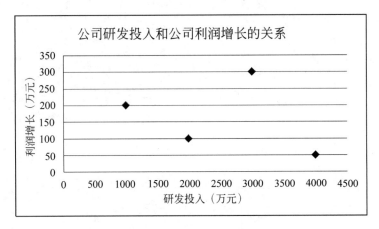

图 4-10　公司研发投入和公司利润增长关系图

第 5 章 售前要具备领导力，要懂项目管理

天哪，需求分析、PPT 制作和逻辑思维，这 IT 售前要学的技能也太逆天了吧，这还不算完，项目管理也是 IT 售前要掌握的重要技能。我全做了，老板做什么？黑线~~~

本章就是从做老板该做的事情开始，培养你的领导力！

本章主要是介绍如何进行咨询型售前团队的管理。本章主要包括两大部分：如何培养领导力和如何进行项目管理。一般的书籍讲解项目管理都是直接讲解九大管理，而本章则从培养领导力开始讲起。这是因为笔者认为对于一个成功的项目经理而言，应该是"七分做人，三分做事"，所以如何做人，如何培养一定的领导力，是至关重要的。如果用"道"和"术"来形容领导力和项目管理的话，培养强大的领导力就是"道"，具体的项目管理工作就是"术"。所以本章先讲领导力，再讲项目管理。

5.1 如何培养领导力

5.1.1 领导力是什么

领导力是什么？就是上级对下级的直接命令吗？就是上级对下级的训斥吗？笔者认为不是。领导力其实是一种影响力，是一种让别人自愿追随的魅力。对于项目经理而言，实际上并没有太大的权力，因为项目经理不是老板，没有给下级升职加薪的权力，但是管理的项目事务很多，所承担的项目责任却很大，正可谓是"权力不大，责任不小"。

所以对于初为项目经理的新手而言，如何树立自己的威信，如何培养和形成一定的领导力是当务之急。

5.1.2 别人凭什么听你的

面对一个新的项目经理而言，其他员工可能心里也有疑惑："大家以前都是平等的同事，为什么现在我要听你的？"，这样一来，可能大家表面上服从你，内心未必完全服气。这时候有的新项目经理可能会急于树立威信，以后采取严苛的方式对待下级，就能够使别人服气，岂知事情恰恰相反。

要想管理好员工，先管理自己。刘备曾说过："唯德唯才，可以服人！"，意思就是说，只有拥有良好的德行和出众才华的人，别人才会服你。如果仅仅以力压人，以势压人，别人难免口服心不服。时间久了，可能就口不服心也不服了。

孔子的学生曾参就因为勤奋好学，深得孔子的喜爱，同学问他为什么进步那么快。曾参说："我每天都要多次问自己：替别人办事是否尽力？与朋友交往有没有不诚实的地方？先生教的学是否学好？如果发现做得不妥就立即改正"。

其实曾参的反省自己就是一种自我管理，不断促进自己不断进步。那么在今天这个新时代，我们也可以三问自己：我对待工作的态度有没有认真负责？我的工作技能有没有不断提高？我每天有没有坚持完善自我？

其实，三问也好五问也罢，作为一个项目经理就应该加强自我管理，不断提升自己德才方面的能力，才能在当今社会激烈的竞争中占据一席之地，才能把自己的团队带领好。

项目经理就是项目组成员的榜样和旗帜。你的想法、你的言行及你的要求都会深深的影响项目组成员。大家都会以你为榜样，学习你的言行。打个比方，项目经理就是风，成员就是草，风向哪里吹，草就向哪里摆。

中国台湾首富郭台铭执掌鸿海集团，他做事情从来都是以身作则，冲到一线去。他说：管理哪里有什么技巧，就是领导在前面做，员工跟着做。郭台铭无意之中说出了管理的秘诀，就是自我管理、身先士卒。

【小白疑问】简单来说，什么样子的是优秀的项目经理？

想做一名优秀的项目经理，就需要身先士卒，了解每个组员，不断提升自己各方面的才能。这样才能让其他组员对你心服口服，心甘情愿地一起为了一个共同的目标而奋斗。

5.1.3 如何做到心中有大局

作为一名项目经理，心中要有项目的大局意识。项目的大局应该就是在项目截止日期之前保质保量的完成该项目。分解下去即项目的各个阶段的目标分别是什么，完成情况怎么样？各个岗位上的人员配备情况如何，能否胜任工作，能否被他人替代？项目执行过程中有没有什么风险，该如何规避和管控风险等等，都应该做到心中有数。

但是实际上，经常会碰到一些项目经理心中并没有大局。可能为了一些小事与组员发生争执，继而影响了相互的关系，进而造成组员的消极怠工，影响了项目进度；也可能因为一些误会，导致了上级领导对自己的不信任，失去了高层的支持，从而导致项目经理换人，自己坐上了冷板凳。这些情况都是存在的，也是在项目管理过程中极易发生的。

那么，如果项目经理想学会从全局来考虑问题，就应该从繁杂的日常工作中释放出来，自己多思考一些全局性和基础性的重大事情。尽可能的授权给合适的组员，让组员尽职尽责地把工作干好。如果想达到这个目标，就应该学会重视人、了解人和使用人。试想一个项目经理如果不了解他的组员和他的上级，他能把项目管理好吗？答案显然是否定的。

【小白疑问】可是，如何了解他人呢？

应该通过给他一份任务的完成情况来了解他的工作理念、工作态度和工作能力等等。可以通过交谈来了解他的志向、长处和喜好等。只有真正了解了别人，才能更有针对性的学会与之相处，否则岂不是盲人摸象？

5.1.4 当断不断，反受其乱

对于项目经理而言，要善于对项目的重要事宜进行决策。项目经理得有全局意识，需要能够分清事情的轻重缓急，将紧急且重要的事情优先处理。而且在决策的时候也需要听取方方面面的意见，正所谓是"兼听则明，偏听则暗"。决心一下，就需要立即执行。

其次，要及时跟踪决策执行情况。好的决策也需要好的执行，任何天才的决策如果交给蠢材去执行，也必将大打折扣。所以项目经理在决策之后，还应该介入执行情况，了解执行进度和执行效果，协助解决执行过程中碰到的问题，才能真正把项目管理好。

毛主席带领红军来到大渡河畔的时候，周围有几十万国民党军队的围追堵截，叫嚣着要让红军成为"石达开第二"，把红军消灭在大渡河畔。毛主席和红军领导们经过缜密分析，发现只要夺取泸定桥，进而夺取泸定城，就能渡过大渡河，扭转战局。毛主席当机立断，派刘伯承和林彪各领一队人马夺取泸定桥。经过红军将士的奋勇作战，终于夺取了泸定桥，穿过了大渡河。这其中，与毛主席和红军领导们的英明决策和当机立断是分不开的。

所以作为一名领导者，看准了的事情，就应该下定决心、排除困难去完成。

5.1.5 制定合理的业绩目标

项目经理在给每个组员制定业绩目标的时候，应该制定"努力一下才能达到"的目标。因为如果目标太低，会使组员缺乏前进的动力；如果业绩目标太高，则又会打击组员的积极性，引起组员的挫败感。所以一个合适的、值得组员为之拼搏努力的目标是非常重要的。

有一家公司就是这样，本来已经濒临倒闭。新来了一位总经理，来了以后的第一件事就是制定每个月的生产计划，还组织各个部门之间的比赛，优胜者给予奖励。本来这个公司已经人心涣散了，但是由于每个月的生产计划都是通过努力可以达到的，而且还有奖励,大大的激发了该公司员工的积极性。不到一年的时间,该公司已经走出困境,成为了一家知名企业。

这个故事说明:一个合理的、通过努力可以达到的目标对于员工而言,是具有多么大的吸引力,因为人都是有自尊心和上进心的。

5.1.6 有人不服你,怎么办

在一个项目团队里,难免有人对项目经理不服气。或者是性格脾气不投,或者是自视甚高。总之,项目经理实际上也不可能做到让所有组员都喜欢。那么碰到一些不服你的员工,项目经理又应该怎么办呢?

首先得有容人的肚量。多看看别人的长处,多想想别人的好处,把一些不愉快的过去忘掉,才能更好地在一起协同工作,共同实现项目目标。

其次得能听取不同的意见。如果组员发表一些不同的意见就不愿意听、就压制的话,势必会使得项目团队离心离德。如果项目经理对一些正确的意见能够积极采纳,必将鼓舞团队士气,使得人心稳定。

再次需要关心每一个组员。当有的组员碰到困难的时候,项目经理应该给予力所能及的帮助。人心换人心,项目经理关心组员,组员必将努力工作,形成良性循环。

最后还需要一碗水端平。有的组员喜欢和领导接触,有的组员不善于和领导接触,这些都很正常。如果因为这些,就对关系近的组员优待,对关系远的组员不理睬,就会在组员中滋生不满情绪。作为项目经理,应该一视同仁,对关系近的组员尤其要严一些,对关系远的组员要宽一些,才能有效凝聚人心。

5.1.7 沟通、沟通、再沟通

沟通是项目经理的一项重要工作,如何强调其重要性也不过分。根据二八定律,项目经理需要将日常工作 80%的时间花费到沟通上。因为项目经理并不是一个执行者的角色,而是一个领导者的角色,需要向组员下达工作任务、跟踪执行情况、解决过程问题及检查任务成果,而这一切都离不开沟通。通过沟通,项目经理掌握项目的进展,并可以在沟通的过程中对组员的工作态度及工作能力有一个全方位的了解。

走动式管理就是一种有效地沟通方法。项目经理可以经常离开工位,和组员交流沟通,安抚他们的情绪,了解他们的难处,帮助他们解决问题,从而和组员打成一片,有效提升士气。

美国麦当劳快餐店创始人雷·克罗克就是一位走动式管理高手,他在公司陷入低谷的时候,想出来一个"奇招"——把办公室里经理的椅子背都锯掉。一开始,经理们都觉得克罗克先生不可理喻,后来逐渐理解了他的初衷。经理们纷纷走出办公室深入基层,与基层员工打成一片,帮助基层员工解决面临的难题。极大的提升了麦当劳的业绩,奠定了麦当劳公司当前的行业地位。

沃尔玛公司同样奉行走动式管理,他们的主管要求所有办公室的门都必须拆掉,多余的桌椅都要搬走,就是要鼓励各级领导多在大卖场里走动。通过走动,发现问题、分析问题和解决问题。只有抛弃舒服的座椅,才能真正到基层员工中去,到广大的客户中去。了解他们的需求,解决他们的难处,才能迎来事业的兴旺。

5.2 如何进行项目管理

在进行项目管理的时候,项目经理除了需要有一定的领导力之外,还需要具备各种具体的管理知识和技能。在本章中,笔者从项目管理的九大管理中选择了范围管理、干系人管理、进度管理、质量管理、沟通管理和风险管理等核心管理领域进行 IT 咨询项目示例分析,希望能够为 IT 咨询项目经理的日常工作提供一定的帮助。

5.2.1 必须控制好项目范围

在 IT 项目中,尤其是开发项目中,经常碰到客户不断的要求改需求,项目组就不断的要客户签需求变更单,项目费用也就不断增加,项目范围也就不断增大。这个事情看起来比较可笑,但却是经常发生在我们身边的故事。这个故事就引出了一个问题:项目范围是什么?如何确定,如何管理。

项目范围即该项目应该完成的成果列表,在项目开始的时候,就需要完成项目范围说明书并得到客户的认可。这样对于项目的范围及变更就可以加以控制,如果没有项目范围说明书的话,项目很可能失败,因为项目没有边界,无法界定是否已完成。

如果项目需要范围变更,则需要填写项目范围变更申请单,经甲乙双方签字后生效。以 IT 咨询项目范围变更为例,如表 5.1 所示。

表 5.1 范围变更申请表

申请基本信息					
申请人			申请时间		
申请内容概述					
范围变更信息					
变更点 1		变更点 2		变更点 3	
变更原因		变更原因		变更原因	
变更点 4		变更点 5		变更点 6	
变更原因		变更原因		变更原因	
变更影响评估					
对相关方案的影响					
对项目整体的影响					
双方确认信息					
甲方签字			乙方签字		
甲方意见			乙方意见		

5.2.2 事先做好干系人分析

以一个 IT 咨询项目为例,一般可以分为甲方、乙方和使用方。所谓甲方,就是项目的发起者、需求和资金的提供者。乙方,就是项目开发的承担者。使用方,就是规划出来的 IT 咨询报告的真正使用者。

1. 甲方

甲方通常是需求的提供者,在实际工作中碰到了不少问题,希望乙方能够协助完成 IT 咨询规划工作。甲方对自身的业务有着深刻的理解,但是由于对 IT 领域不熟悉,所以在业务与 IT 系统规划的对接上,可能存在一定的困难,存在一定的项目风险。

甲方同时也是资金的提供者,甲方与乙方签订合同后,会根据合同各个时间节点向乙方提供资金,保证乙方开发工作的顺利进行。

2. 乙方

乙方即咨询方案的规划者,乙方首先会与甲方做需求沟通,在充分了解甲方需求的基础上进行咨询报告的编写工作。

3. 使用方

使用方通常是甲方的员工或者下级单位,他们在一线工作,所以对于该咨询报告能否真正实施下去有着最深刻的认识和体会。详细内容如表 5.2 所示。

表 5.2 IT咨询项目干系人分析表

		责任	关注点	风险
甲方	项目发起人	提供资金 提供需求	乙方能否构建出 IT 系统规划蓝图	缺乏软件知识,需求多变、付款拖沓
乙方	项目经理	管理好咨询团队	咨询报告进度、成本和质量	项目失控,对甲方业务缺乏理解
	组员	完成报告编写工作	自身能力的提高	对甲方需求理解不够
使用方	使用者	配合规划工作 提供需求	规划能否落地	可能觉得规划不够实际,不愿意落实

5.2.3 合理把握好项目进度

想要合理把握项目进度,就需要制作 WBS。所谓 WBS,即工作分解结构(Work Breakdown Structure),是把一个大的工作任务分解成一个个小的工作任务,确定任务开始时间和结束时间。通过 WBS 分解,便于管理人员对每个小的任务进度进行严格把控,同时也便于项目组成员明确各自的任务,在计划时间内完成各自的任务。

以某 IT 咨询项目为例,其 WBS 如表 5.3 所示。

表 5.3 某IT咨询项目WBS

任务名称	工期	任务开始时间	任务结束时间
项目前期	**25 个工作日**	**2015 年 9 月 10 日**	**2015 年 10 月 12 日**
项目预备会议	5 个工作日	2015 年 9 月 10 日	2015 年 9 月 16 日
初步分析与评估	2 个工作日	2015 年 9 月 17 日	2015 年 9 月 18 日
明确研究方法	2 个工作日	2015 年 9 月 21 日	2015 年 9 月 22 日
提炼总体目标	4 个工作日	2015 年 9 月 23 日	2015 年 9 月 28 日
确定工作框架	4 个工作日	2015 年 9 月 29 日	2015 年 10 月 2 日
制定项目计划	4 个工作日	2015 年 10 月 5 日	2015 年 10 月 8 日
前期文件编制	2 个工作日	2015 年 10 月 9 日	2015 年 10 月 10 日
建立项目组织	1 个工作日	2015 年 10 月 11 日	2015 年 10 月 11 日
项目启动会	1 个工作日	2015 年 10 月 12 日	2015 年 10 月 12 日
现状调研/收集资料	**40 个工作日**	**2015 年 10 月 14 日**	**2015 年 12 月 6 日**
调研计划准备	5 个工作日	2015 年 10 月 14 日	2015 年 10 月 20 日
调研文件准备	5 个工作日	2015 年 10 月 21 日	2015 年 10 月 26 日
相关单位调研	25 个工作日	2015 年 10 月 27 日	2015 年 11 月 30 日
调研总结报告	5 个工作日	2015 年 12 月 1 日	2015 年 12 月 6 日
分析研究	**14 个工作日**	**2015 年 12 月 2 日**	**2015 年 12 月 19 日**
移动信息化结合甲方中长期战略研究	3 个工作日	2015 年 12 月 2 日	2015 年 12 月 5 日
移动信息化在甲方的实施路线图研究	3 个工作日	2015 年 12 月 6 日	2015 年 12 月 11 日
移动信息化与甲方的经营模式转变研究	4 个工作日	2015 年 12 月 12 日	2015 年 12 月 15 日
移动信息化与新技术结合应用情况研究	4 个工作日	2015 年 12 月 16 日	2015 年 12 月 19 日
总结汇报	**4 个工作日**	**2015 年 12 月 20 日**	**2015 年 12 月 25 日**
汇报准备工作	3 个工作日	2015 年 12 月 20 日	2015 年 12 月 24 日
正式汇报	1 个工作日	2015 年 12 月 25 日	2015 年 12 月 25 日
报告编制	**43 个工作日**	**2016 年 1 月 1 日**	**2016 年 2 月 28 日**
甲方移动信息化基本情况诊断	10 个工作日	2016 年 1 月 1 日	2016 年 1 月 15 日
移动信息化与甲方企业战略目标结合	12 个工作日	2016 年 1 月 16 日	2016 年 1 月 28 日
发展路线图与企业经营模式转变研究	11 个工作日	2016 年 2 月 1 日	2016 年 2 月 15 日
移动信息化与新技术结合情况研究	10 个工作日	2016 年 2 月 16 日	2016 年 2 月 28 日

续表

任务名称	工期	任务开始时间	任务结束时间
项目验收	20个工作日	2016年3月3日	2016年3月28日
验收准备	5个工作日	2016年3月3日	2016年3月10日
内部评审	5个工作日	2016年3月11日	2016年3月16日
客户评审	5个工作日	2016年3月17日	2016年3月24日
报告修改	3个工作日	2016年3月25日	2016年3月27日
项目终验	2个工作日	2016年3月28日	2016年3月28日

5.2.4 项目成果质量重于泰山

古代名医扁鹊曾经去给齐王治病，齐王问他："你们家谁的医术最高？"扁鹊回答："我大哥最高，二哥其次，我最差"。齐王很奇怪，说："那为什么你的名气最大？"扁鹊回答："我大哥在病人还没有疾病征兆的时候就可以将疾病消灭于无形，我二哥在病人刚开始生病的时候就可以把病人治好，我最差，只能是病人病的很厉害的时候我才发现需要治疗了，所以治疗效果比较明显，我的名气就最大了"。

通过这个小故事可以触类旁通，真正高明的管理者管理项目质量能够提前预防，而不仅仅是事后去解决。试想，如果一个管理者只是等问题成堆了才去解决，会是一个高明的管理者吗？如果事前加强规则制度的建设，事中加强评审和抽查，事后加强技术力量处理Bug，不是能更有效地管理好质量问题吗？

对于一个IT咨询项目而言，其成果物输出就是一系列报告，以咨询报告为核心，其他一些调研报告，管理报告为辅。对于这些成果物的质量的管理过程，也包括制定质量目标、制定质量规划和实施质量监控三个大的过程。

对于IT咨询项目而言，制定质量目标可以分为以下几个方面，如表5.4所示。项目完成后，其成果物质量需要多名专家的审核才能确定。

表5.4 IT咨询项目质量目标表

序号	质量目标
1	该咨询项目能够指引客户相关业务的开展
2	该咨询报告整体提纲结构合理，逻辑清晰
3	该咨询报告内容详实，有理论有数据有结论
4	该咨询报告没有较大的规划错误和文字错误

质量规划则是规划完成以上质量目标所需的一系列资源,包括人员、设备和组织结构等各方面的资源的支持,如表 5.5 所示。

表 5.5 IT 咨询项目质量规划表

序号	质量目标	质量规划
1	该咨询项目能够指引客户相关业务的开展	1. 构建高效的甲乙双方参与的联合领导机构 2. 制定定期沟通的联络机制 3. 乙方项目经理对于管理工作需要经验丰富 4. 派遣经验丰富的乙方咨询顾问参与项目
2	该咨询报告整体提纲结构合理,逻辑清晰	1. 乙方项目经理应构建结构合理的咨询报告提纲并提交乙方专家审核 2. 乙方项目组内部应经过充分讨论后提交甲方审核
3	该咨询报告内容详实,有理论、有数据、有结论	1. 甲乙双方应组织高效的调研活动,保证所得到的信息都是真实的和最新的 2. 乙方项目组内部应组织该项目相关的理论学习
4	该咨询报告没有较大的规划错误和文字错误	乙方项目组内部应组织多次自评和互评,消除相关错误

质量监控即检查项目中的质量问题,并给出相应的解决办法。下面用鱼骨图的方式进行示例。假设该咨询报告的根本问题是未能有效促进甲方业务开展。又分为两个小问题,其中问题 1 是调研力度不够,对应解决办法是需要获得一手的调研数据;问题 2 是项目的组织架构不合理,对应解决办法是需要双方领导层对于项目目标达成一致,如图 5-1 所示。

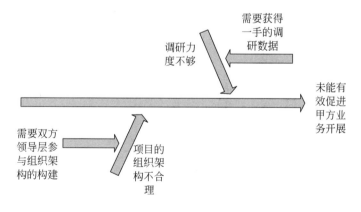

图 5-1 IT 咨询项目质量监控鱼骨图 1

如果该咨询报告的问题是提纲结构不合理，经过分析，又可以得到两个子问题。其中第 1 个问题是乙方未将报告提纲提交专家审核，解决办法是协调好专家评审时间；第 2 个问题是乙方内部未能将该报告提纲充分讨论，解决办法是安排更多的讨论时间，如图 5-2 所示。

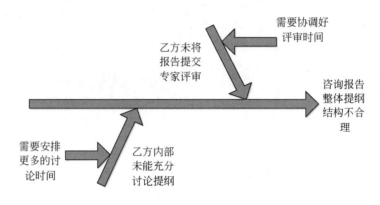

图 5-2　IT 咨询项目质量监控鱼骨图 2

5.2.5　项目成本需要严格控制

某项目组正在开发一个软件系统，项目经理看见项目前期花费太多，决心大力削减成本，拿项目奖金和加班费开刀。不仅降低了每个成员的项目奖金金额，而且跟项目组成员公开说明加班以后没有加班费。这项制度持续了一段时间，成本倒也降低了一些，但是项目组士气一落千丈，大家人心惶惶，以后公司支撑不下去了，给项目进度和项目质量造成了十分恶劣的影响。

通过这个故事，我们会思考项目成本是压得越低越好吗？还是通过一些计算方法，把项目成本控制在一个合理范围内更好呢？

对于咨询型售前项目而言，项目成本包括调研过程中的出差费用、员工每个月的工资、购买相关资料的费用和项目组聚餐费用等。其中调研出差费用和员工工资是项目成本的大头。但是项目成本并不是越低越好，如果成本太低，会严重影响团队士气，对完成项目目标造成不利影响。

对于如何降低调研出差费用,则需要事前周密计划。按照最短行程排出调研计划表,力争把调研的时间和距离控制在最小范围,而调研效果达到最优区间。但员工每个月的工资是不变的,所以需要按照 WBS 分解任务,把每个组员每天的工作安排饱满,尽量缩短项目周期,从而达到节约成本的目的。

5.2.6 项目沟通效果决定成败

对于一名项目经理而言,可能 80%的时间都在沟通,目的就是要推动项目向前走,通过沟通解决前进中碰到的问题。当然项目规模越大,沟通的频率和信息量也越大。

首先说说沟通对象。项目经理需要与公司上级进行沟通赢得资源和上级的支持,需要与公司其他部门如质量部进行沟通获得质量认可,需要与项目组成员进行沟通分配任务、检查成果和了解思想动向等。

再谈谈沟通内容。对上级一般是汇报项目进度及碰到的一些较大的问题,跟同级一般是开展质量评审等活动,对下级一般是沟通思想动态和文档完成情况等内容。

最后讨论沟通方式。沟通方式一般有会议沟通、非正式口头沟通、书面沟通和 Email 沟通等方式。会议沟通一般比较正式,有明确的主题和流程,效率很高。非正式口头沟通一般气氛比较轻松,有助于说出心里话。书面沟通表达意思相对明确。Email 沟通有备忘录的作用,相关人员可以迅速获得相关信息,效率较高。这几种沟通方式各有利弊,应该根据不同的现场情况,灵活加以运用,可以单独使用一种,也可以几种混合使用。对于一个 IT 咨询项目经理而言,沟通情况如表 5.6 所示。

表 5.6 沟通情况表

	核心沟通内容	主要沟通方式
上级	汇报项目进度和碰到的较大问题	会议、口头和 Email
平级	质量评审	会议和 Email
下级	任务分配、成果检查和思想动态	会议、口头、书面和 Email

5.2.7 始终绷紧项目风险这根弦

项目风险管理是指对于项目中存在的一些风险进行管控的过程。通过风险管理，可以有效对降低项目风险，大幅增加项目成功的概率，所以对于项目经理而言，风险管理应该是需要始终紧绷的一根弦。

具体来说，风险管理一般需要通过以下几个步骤才能得到有效管控：
- 风险识别；
- 风险分析；
- 风险应对；
- 风险监控。

对于第一步风险识别，目的就是需要把本项目中所可能碰到的风险一一找出来，使用的工具方法有头脑风暴法、SWOT法和Delphi法等。值得说明的是，风险识别需要贯穿项目始终，并不是一开始识别一次就算了，需要多角度在整个项目周期进行识别。其中比较有代表性的方法是SWOT，这种方法通过列举项目中的各点优势、劣势、机遇和威胁，从定性的角度分析项目可能碰到的风险，适合于项目经理自己进行独立思考。

对于第二步风险分析，目的就是定性和定量分析项目中各个风险，以及各个风险之间的相互关系，使用的工具方法有PERT法、决策树分析和风险因子计算等。其中比较有代表性的方法是风险因子计算，通过该方法，可以对识别出来的风险进行定量分析，更容易实现管控。

对于第三步风险应对，目的就是要消除或减小风险带给项目的危害。使用的方法包括回避、转移、缓解、接受、开拓、分享和提高等。其中比较消极的方法是回避、转移、缓解和接受，而比较积极的方法则是开拓、分享和提高。面对风险采取积极或消极的方法都可以，目的还是有效管控项目风险。

对于第四步风险监控，目的就是观察和跟踪风险应对的效果。使用的方法包括定期项目评估和挣值分析等。其中比较有效的办法是定期评估，通过该方法，可以持续了解项目中各风险的处理及后续情况，实现对风险的全生命周期管理。

以某 IT 移动信息化咨询项目举例进行项目风险分析，如表 5.7 风险识别表所示。

表 5.7 风险识别表

风险识别			风险分析			风险应对		风险监控	
风险ID	风险名称	风险内容	定性分析	定量分析	综合分析	采取措施	应对效果	定期评估时间	定期评估效果
1	计划变更	计划的变动风险较大	较小	0.1	风险较小	渐进明细，及时修改	良好	每月	良好
2	成本风险	由于客户较远，交通工具成本风险较大	较小	0.1	风险较小	精心安排见客户的次数	良好	每月	良好
3	人员风险	个别人员不服从领导，存在流失风险	较大	0.3	风险较大	了解其想法，有针对性采取措施	一般	每周	一般
4	用户风险	用户对该项目态度不明，可能会拖延付款	大	0.4	风险很大	努力摸清客户想法	较差	每月	较差
5	技术风险	项目组对移动信息化技术不熟悉，存在风险	较小	0.1	风险较小	组织项目部内部移动信息化技术培训和交流	良好	每周	良好

第 6 章　好售前要懂企业战略管理

笔者写下本章的同时，也是深深捏了一把汗！IT 初级售前，看这个的确起点有点太高了，但没有这样战略的视角，就不是一个好售前，所以还是写出来了，如果读者不喜欢，下次改版可以直接去掉了！！

本章从军事战略的起源谈起，逐步过渡到企业战略的由来。从企业战略的各个发展阶段、各个流派的核心思想以及区别和联系，逐渐进入最核心的环节——战略分析。战略分析分为外部环境分析和内部环境分析，通过使用各种战略分析工具，对内外部环境进行抽丝剥茧般的分析后，得出了企业战略。企业战略分为六个层次，从高到低依次为企业愿景、企业使命、企业目标、战略内容、战略重点和战略举措。最后探讨了战略实施与战略制定的区别以及可能碰到的问题和战略重构相关的内容。对于 IT 售前而言，尤其是咨询型售前而言，掌握企业战略的相关知识和工具，对于开展咨询工作，绝对是有帮助的。

6.1　企业战略管理是什么

企业战略对于企业的意义就像在黑夜里大海中的灯塔对于航行的船只的意义一样，是指引企业前进的目标。其实企业战略管理的本质是帮助企业赢得竞争优势。而为了达到这个目标，就必须分析企业内部的资源优势和企业外部的竞争态势，制定正确的企业战略，从而挖掘出企业的核心竞争力。企业战略管理的基本流程包括战略分析、战略选择、战略实施和战略评估与控制。

6.1.1 企业战略的"前世今生"

战略一词源于军事,在克劳塞维茨的《战争论》里,战略的定义是"战略就是为了达到战争目的而对战斗的运用"。毛泽东军事战略思想的核心就是"保存自己消灭敌人",其实也是从战略高度对战争的本质进行了阐述。所以借用毛主席对战略的描述就是"战略问题是研究战争全局的规律性的东西"。

而经过古今中外许多管理大师的发展,战略管理已经成功的从军事上扩展到商业上。在企业管理领域,并非只继承了战争领域里的你死我活的竞争关系,更进一步的发展出合作共赢的思想,极大的丰富和完善了战略领域的思想体系。下面将时间阶段顺序,分四个阶段,介绍企业战略管理的发展历程。

1. 早期战略管理理论

法国著名管理学家亨利·法约尔在其《工业管理与一般管理》一书中,从组织管理的角度重点阐述了计划、组织、指挥、协调和控制。而计划则是最早出现的企业战略管理思想。

而弗雷德里克·温斯洛·泰勒是美国早期的著名管理学家,他在其代表作《科学管理原理》一书中,则从作业管理、如何提高工人工作效率的角度,提出了许多切实可行的方法,真正实现了工作量化,科学管理。

法约尔和泰勒都是伟大的管理学家,但是他们的管理视角显然不同,法约尔从高层管理的角度提出了一系列的管理思想;而泰勒则从微观的、如何提高工人工作效率的角度提出许多可行的办法。两者互相补充,交相辉映,都属于早期重要的管理思想。其中法约尔就已经有企业战略管理的萌芽了。

1938年,美国管理学家切斯特·巴纳德的著作《经理人员的职能》出版,在书中他提出了目标管理的思想,强调企业整体目标需要由各个部门的目标汇总而成。因为只有各个部门都接受的目标,最后才能真正得到贯彻执行。这其实也就是企业战略管理的基本思想,虽然这些思想现在看起来很普通,但是这正好证明了其伟大之处,已经成为普遍真理了。

美国管理学家安德鲁斯是 20 世纪 60 年代的企业战略管理设计学派的代表人物，他对战略的理解可以概括成战略的制定和实施两部分。著名的 SWOT 分析工具是安德鲁斯的发明，运用该工具，可以有效分析企业的优势劣势、机遇威胁，为战略制定提供定性分析。

2. 竞争战略管理理论

"竞争战略"之父迈克尔·波特是美国哈佛大学商学院的教授，1947 年出生，被誉为"活着的传奇"。主要著作包括《竞争战略》、《竞争优势》和《国家竞争优势》，被称为竞争三部曲。他对企业竞争战略的研究情有独钟，其研究成果包括五力理论、三大战略（总成本领先战略、差异化战略和专一化战略）和价值链理论，这些成果深刻影响了战略管理领域，改变了企业 CEO 的思维。

其中波特五力理论提出的五大因素影响行业内的基本竞争态势，五大因素包括供应商的议价能力、购买者的议价能力、潜在进入者的威胁、替代品的威胁和行业内公司间的竞争。三大战略中的总成本领先战略要求严格控制成本，保证成本低于对手；差异化战略要求企业的产品必须有自己的特色，形成差异化竞争；专一化战略则是主攻特殊的顾客群或一个地区市场。价值链理论表明企业的任务是创造价值，企业的各项活动都是在为创造价值做准备并形成价值链，要分析价值链的各个环节对最终价值分别产生了多大的影响。

3. 资源基础战略管理理论

与迈克尔·波特所提倡和研究的外部竞争战略管理理论相反，资源基础战略管理理论的研究方向在企业的内部资源，强调每个企业内部资源的独特性，并提倡基于企业内部资源构建出企业的核心竞争力，依靠核心竞争力构筑竞争优势。

核心竞争力是什么？核心竞争力就是人们常说的"看家本领"。大到一个国家，小到一个企业或者一个个人，都需要挖掘和培养自己的核心竞争力，只有拥有了强大的核心竞争力，国家、企业和个人才能更好地在社会上生存。因为社会是一个分工的社会，只有分工，社会效率才能更高，产品才会更加丰富，生活才能更加幸福。所以每个人或者每个企业都必须提供优秀的产品才能和其他人进行交换，如果你不具有核心竞争力，提供的产品太普通或者不够优秀，也就不能交换到你需要的产品了，也就不能在社会上更好地生存和发展了。因此，核心竞争力的挖掘和培育是十分重要的。

该学派最早可追溯到 1959 年安蒂思·潘罗斯的《企业成长论》和 1982 年史蒂芬·里普曼及理查德·罗曼尔特的《不确定模仿力：竞争条件下企业运行效率的差异分析》。1984 年，伯格·沃纳菲尔特在潘罗斯、里普曼和罗曼尔特等人研究成果的基础上，在《战略管理杂志》上发表了《企业资源基础观》一文，其核心论点是企业的组织能力、资源和知识积累是构建企业核心竞争力的基石。是保持竞争优势的关键。

该学派最核心的观点有两点：①企业依靠内部资源才能构建核心竞争力；②核心竞争力必须具有战略性、独特性和难以模仿性。笔者认为其实资源基础战略管理理论主要研究企业内部资源，竞争战略管理理论主要研究企业在行业内的竞争，两者其实并不冲突，而是互为表里，共同构建战略管理学的大厦。

4．最新的战略管理理论

最新的战略管理理论是战略联盟理论，即两个或几个企业结成联盟，共同应对市场竞争。从宏观上说，随着全球经济一体化和科学技术的飞速发展，时代的大背景推动企业之间的结盟，只有实现战略联盟的企业才能更好地参与市场竞争并赢得优势；从微观上讲，如果企业和企业的核心竞争力具有互补性、文化具有兼容性、实力大体相当、市场交叉程度低，满足这些条件的战略联盟，效果比较好，联盟也比较稳定。

战略联盟的概念是由美国 DEC 公司总裁简·霍普兰德和管理学家罗杰·奈杰尔提出的。通过战略联盟，可以有效控制企业规模，避免大企业病；同时可以使得企业核心竞争力互补，进一步提升企业核心竞争力；还可以分散企业风险，共同实现研发，互相学习。共同打造更加先进，更具市场竞争优势的拳头产品。

6.1.2　企业战略的各种流派

企业战略管理有十大流派，分别是设计学派、计划学派、定位学派、企业家学派、认知学派、学习学派、权力学派、文化学派、环境学派和结构学派。下面主要列举了十大流派的经典著作、代表人物及主要观点，如表 6.1 所示。

表 6.1 企业战略流派表

学派名称	经典著作	代表人物	主要观点
设计学派	《企业政策:课文与案例》	安德鲁斯	将战略构造区分为制订与实施两大部分,认为企业战略是使组织自身的条件与所处环境的机会相适应。常用分析方法是SWOT分析
计划学派	《公司战略》	H·伊格尔 安索夫	其中心特征是"正式化",即正式化的程序、正式化的训练和正式化的分析。在定量分析方面已有长足进展
定位学派	《竞争战略》	迈克尔·波特	将视角第一次从企业转向行业,注重分析外部环境,提供了五力模型及价值链模型等分析方法,帮助企业找到适合于自身的竞争战略
企业家学派	《组织缔造者》	科林斯和摩尔	企业战略是由企业领导人制定的,是企业家对企业未来发展的看法
认知学派	《陷入泥潭,不能自拔》	斯道	强调企业战略的制定既需要理性思维,也需要非理性思维
学习学派	《应变战略:逻辑渐进主义》	奎因	认为企业战略是集体和个人学习的结果,需要适应当前的变化,根据变化来制定战略
权力学派	《论战略形成:政治概念》《组织的外部控制》	马克·米兰 普费弗和萨兰西克	认为企业战略的形成是企业内部的不同利益团体之间相互竞争,讨价还价,相互博弈的过程。企业战略并不是由某一个人决定的,而是一群人
文化学派	《长远规划的组织理论》	艾瑞克·莱恩曼	认为战略制定是观念形态的形成和维持过程
环境学派	无	汉曼 福瑞曼	认为环境、领导和组织是战略制定的三股力量,而起决定性因素的还是环境
结构学派	《"里卡洛斯"的悖论》	米勒	认为各个学派之间的理论是可调和的,强调状态和变迁

6.1.3 各流派的区别与联系

各种流派的共同点在于都认为战略是具有指导性、全局性、长远性和稳定性等特征的,但是对于战略如何形成有各自不同的观察角度。大致可以将各种流派分为两类:一类认为企业战略是根据过程制定出来的,另一类认为企业战略不是根据过程制定出来的。

这些学派都是认为企业战略是根据过程制定出来的。比如设计学派认为战略就是制定和实施的过程；计划学派认为战略的制定是一个正式的过程；定位学派认为战略的制定是分析的过程；企业家学派认为战略的制定是由企业领导人来制定的；结构学派则强调战略制定中的状态和变迁。

这些学派则认为企业战略不是根据过程制定出来的。认知学派认为战略的制定是一个奇思妙想的过程；学习学派认为战略的制定是一个适应变化的过程；权利学派认为战略的制定是利益集团相互博弈的过程；文化学派认为战略制定是观念形成和维持的过程；环境学派认为战略制定其决定因素的是环境。

所以，各个流派就像"盲人摸象"故事里的各个盲人一样，每个人都从自己的角度出发，得到了一些结论，但是事实真相究竟如何，恐怕要结合各个流派的认知才能得出真实全面的真相。

【小白疑问】 学了这么多流派，初级售前到底跟哪一派混？

笔者比较倾向于定位学派，认为战略的制定是一个分析的过程。因为迈克尔·波特提出了许多很好的分析方法和分析思想，能够帮助 IT 售前更好的分析战略，制定战略，具有很强的可操作性。初级售前也可以通过学习定位学派入手来走进战略管理的知识殿堂。

6.1.4 战略管理基本流程

战略管理基本流程包括战略分析、战略选择、战略实施、战略评估与控制。其中战略分析又分为内部环境分析和外部环境分析，内部环境分析主要是通过资源分析，得出企业发展的核心竞争力，而外部环境分析主要运用 PEST 方法，从政治、经济、社会和技术等方面对企业所处的宏观外部环境进行分析，从竞争对手和客户等采取的战略性行为进行直接外部环境分析，从而得出企业在所处环境中的竞争态势。

战略选择主要运用 SWOT 分析等分析方法对可能的战略进行评估，结合各个战略选择方案的优缺点，给出综合性的意见。最后给出选择的战略愿景、战略使命、战略目标、战略内容和战略举措等从规划层到实施层的各个层次的战略。

战略实施主要研究贯彻战略意图碰到的具体问题,如企业资源在各个部门之间如何分配、组织机构在实施战略时如何进行调整以及企业文化如何适应并推动战略实施过程等。在战略实施过程中应避免战略规划和战略实施"两层皮"的问题,要将战略规划切实贯彻下去,形成企业的核心竞争力。

战略评估与控制实际上是一个反馈的过程,通过不断获取基层组织的反馈信息,可以根据信息进行分析并进行战略调整。所以战略并不是制定了以后就一定不变了,而是一个动态反馈的过程,通过该过程,战略不断得到修正和优化,逐渐与企业发展浑然一体,成为企业发展的强大推力,如图6-1所示。

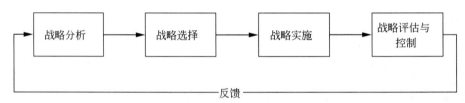

图 6-1 战略步骤图

6.2 战略分析思路与工具

6.2.1 外部环境分析

外部环境分析包括一般环境分析(运用 PEST 分析方法)和行业环境分析(结构行为绩效模型和五力模型)。首先来介绍一般环境分析。

1. 一般环境分析:运用PEST分析方法

【理论部分】

环境分析思路一般从宏观层面进行分析,运用 PEST 分析方法,其中 P 代表政治环境,E 代表经济环境,S 代表社会环境,T 代表技术环境,合起来称为 PEST 分析。

分析政治环境时，应侧重从宏观政治政策上进行分析，看该国的政策是否支持企业所处的行业以及是否支持企业的经营活动。应对该国相关领域的法律法规有所研究，尤其对其税收政策、环保政策和政策的稳定性连续性等因素都需要加以考虑。

分析经济环境时，应从宏观经济和微观经济两个视角进行分析。其中宏观经济包括 GDP 总量及经济增长速度等，通过这些指标，可以从宏观上了解该国的经济总体走势。微观经济主要是看企业所在行业的竞争情况、进入该行业的门槛高低、消费者消费能力的高低和消费者的喜好等因素，通过这些指标，可以了解企业即将进入的市场情况和难易程度等。

分析社会环境时，应重点分析该国人民的文化程度、宗教信仰、风俗习惯和价值观念等因素。通过了解文化程度，可以大致了解该国人民的需求层次；通过了解宗教信仰，就可以大致了解该国人民的喜好和厌恶；通过了解风俗习惯，就可以进一步懂得该国人民的日常生活需求；通过了解价值观念，就可以从更深的层次理解该国人民的消费行为。

分析技术环境时，可以从国内外的技术发展现状，国家对该类技术是否采取支持态度，该类技术有无发展前景，技术转化成商品有无难度、速度有多快，该类技术的专利情况如何等分析。通过分析技术环境，对企业所采用的技术是否有竞争力、将来的发展方向及发展潜力等因素会有一个细致的了解。

【示例部分】

下面将通过一个案例来实际了解一下，如何进行 PEST 分析。项目背景：某国内云计算公司近期正筹备成立，主要经营 IAAS 服务。需要对国内市场进行考察，运用 PEST 分析方法进行分析，下面从政治、经济、社会和技术四个方面进行分析。

1）国内对云计算产业的政策

中国对云计算产业采取积极扶持的态度，2011 年 7 月科技部发布《国家"十二五"科学和技术发展规划》、2012 年 4 月工业和信息化部发布《软件和信息技术服务业"十二五"发展规划》、2012 年 5 月工业和信息化部发布了《互联网行业"十二五"发展规划》和《通信业"十二五"发展规划》、2012 年 7 月国务院发布《"十二五"国家战略性新兴产业发展规划》、2012 年 9 月，科技部发布《中国云科技发展"十二五"专项规划》。在这些政策中，从国家政策层面上都是把云计算作为战略新兴产业来发展,积极为云产业的发展创造有利条件。

从地方政府层面上看,全国多地也在积极发展云产业,如北京市实施的"祥云工程",上海市实施的"云海计划",无锡市正在打造"太湖云谷",深圳市正努力成为"华南云计算中心"等,无不体现了地方政府推进云产业方面做出的努力。

所以从政策层面的有利因素来说,对于国内云计算产业的推动和发展,政府还是支持和鼓励的。但是从不利因素来看,许多政策多停留在整体规划层面上,还比较粗放且操作性不强。还存在不顾各地实际情况,搞"一刀切"。

2)进入市场面临的市场竞争

从宏观上看,中国经济仍保持较快且稳定的增长势头,2013 年中国国内生产总值为 568845 亿元,按可比价格计算比上年增长 7.7%,增速与上年持平。

从微观上看,新成立的云计算公司不仅面临着国内云计算厂商的竞争(阿里巴巴的阿里云、盛大网络的盛大云和中国移动的大云等),还面临着国外云计算厂商的竞争(微软的 Azure、谷歌的云计算平台和 IBM 的蓝云等),竞争十分激烈,压力不小。

所以新兴的云计算厂商一定要挖掘自己优势,实施差异化市场战略,培育核心竞争力,只有这样才有可能在市场中赢得一席之地。

3)中国社会对云产业的需求

(1)终端设备增多需要更强大的云产业

现在国内市场上,无论是笔记本电脑,还是智能手机,都已经实现了普及,价格的降低和质量的提升,使得终端设备的数量已经翻了几番。但是各种终端设备的计算能力有限,无法运行大型软件应用。如果有了云计算中心,就相当于拥有了取之不尽用之不竭的计算能力,无论是笔记本电脑还是智能手机其功能性能都能得到大幅提升。所以市场对云计算产业的需求十分强烈。

(2)软件产业的升级需要云产业的拉动

软件产业经过几十年的发展,已经由新兴产业变成了传统产业。如果不结合最新的技术发展,抢占技术发展制高点,无疑将丧失战略性新兴产业的地位。而如果有了云计算产业,对于大型软件的开发和应用将产生颠覆性的影响,将提升软件产业的技术含量,对于软件行业的发展前景起到极大的推动作用。所以软件产业的升级对云计算产业的需求也是十分旺盛的。

（3）国民经济的转型需要云产业的推动

当前国内经济的发展正处于转型时期，从劳动密集型转向技术密集型和资本密集型，构建创新型社会。而为了达到这一目标，需要新的充满活力的符合时代潮流发展的战略性新兴产业的推动，而云产业正好符合这一时代的要求。云产业并不是只能仅仅应用于软件行业，而是能够和国民经济的各行各业相结合。如果和电力行业结合，将会产生"电力云"；和金融行业结合，将产生"金融云"；和政府市政结合，将成为构建智慧城市的基础性云平台。所以云产业能够和各行业相结合，并产生巨大的推动作用，对于国民经济的转型是十分有利的。

（4）打造服务型政府需要云产业的配合

当前的国际大势对于政府的要求是打造服务型政府，我国政府在构建服务型政府方面一直也是不遗余力。可是打造服务型政府，除了管理制度的创新和管理手段更加人性化以外，还需要技术手段的支撑。通过云计算技术，可以为政府提供强大的云计算平台，使得各种电子政务系统的开发、实施和运行更加高效、安全。通过云计算技术，可以让公众与政府的联系更加紧密，渠道更加通畅。通过云计算技术，可以帮助政府树立更加亲民，更加负责的形象。所以打造服务型政府需要云产业的大力配合。

4）云计算技术的发展方向和发展潜力

云计算技术是当今最先进的技术，不仅在处理计算能力上具有很强的能力，而且在管理上也具有自动性。云计算基于 SOA 的架构，动态分配和部署共享计算资源。云计算平台具有灵活性、高可用性、动态资源监控及虚拟化、自动化管理的特点。而且和其他先进技术可以实现很好的无缝衔接，如大数据、物联网和 4G 网络等。在这些新兴技术中，有的负责高速网络传输，有的负责大数据处理，有的负责提供强大计算平台，共同构建了一套生态体系，形成一种"共生"的关系，发展潜力巨大。

下面再谈一谈行业环境分析，主要运用结构行为绩效模型和五力模型。首先来谈谈结构行为绩效模型（SCP 模型）的理论方法。

2．行业环境分析：SCP模型

【理论部分】

1）市场结构理论

计算前几位企业的市场份额,常用的指标有两个:前四位企业的集中度系数(CR_4)和赫芬达尔-赫希曼指数(I_{HH}),如表6.2所示。

表6.2 市场结构理论常用公式

数学公式	解释含义
$CR_4 = \sum_{i=1}^{4} S_i$ (i=1,2,3,4)	S_i 表示市场份额。该集中度系数计算简单,能够形象反映市场的集中情况
$I_{HH} = \sum_{i=1}^{n} (S_i)^2$ (0<= I_{HH} <=10000)	S_i 表示市场份额。该指数直观性较差,但能够灵敏反映企业规模分布对集中度的影响

2)企业行为理论

通过企业行为,连接市场结构和经营绩效。市场结构影响企业行为,企业行为决定经营绩效。只有正确的企业行为才能创造良好的经营绩效。企业行为主要包括品牌宣传、机构扩张、人才竞争和价格竞争等。

3)经营绩效理论

经营绩效理论是指通过市场结构和企业行为对企业组织在资源配置效率、技术效率、经济效益和市场外部性等方面所达到的现实状态。

【示例部分】

1)市场结构分析

(1)市场集中度

现在国内云计算市场,比较大的国外厂商有亚马逊、谷歌和微软等,比较著名的国内厂商包括阿里巴巴、中国移动和盛大等。由于现在中国国内的云计算市场还处于快速增长阶段,所以现在市场集中度较低。但是国际云巨头的实力不容小觑,准备进入云市场的厂商将面临着国际巨头和国内云厂商的激烈竞争,如表6.3和表6.4所示。

表6.3 国内云计算市场份额示例表

公司名称	国内云计算市场份额	公司名称	国内云计算市场份额
亚马逊	30%	谷歌	10%
阿里巴巴	20%	微软	10%
中国移动	10%	盛大	10%
其他公司	10%		

(表6.3仅作示例以及学习如何使用计算公式,不代表正式市场份额数据。)

表 6.4 市场结构计算示例表

数学公式	示例运算
$CR_4 = \sum_{i=1}^{4} S_i$ (i=1,2,3,4)	$CR_4 = 30+20+10+10=70$
$I_{HH} = \sum_{i=1}^{n}(S_i)^2$ $(0 < I_{HH} \le 10000)$	$I_{HH} = (30)^2+(20)^2+(10)^2+(10)^2=1500$

CR_4 或 I_{HH} 其值越高，代表市场集中度越高，越需要政府进行反垄断；反之表明市场集中度较低，市场竞争激烈。

（2）产品差异化

云计算产品分为三种，IaaS、PaaS 和 SaaS。IaaS 表示硬件级云服务，支持对外出租服务器和网盘等业务；PaaS 表示平台级云服务，支持对外提供租用云平台服务，比如可以租用云平台进行软件开发等；SaaS 表示软件级云服务，支持对外提供租用软件的服务。

比如亚马逊主要提供 IaaS 服务，而微软和谷歌主要提供 PaaS 服务，用友则主要提供 SaaS 服务。所以准备进入市场之前，一定要对自己所能提供的产品做到心中有数。

（3）进入壁垒

当前国内云计算市场有一定的进入壁垒，由于云计算本身就是当下最先进的技术，所以新进入的公司必须掌握云计算的核心技术并能够形成差异化经营，才能发挥核心优势，赢取利润。另外，国内市场对云计算的安全问题十分关注，所以准备进入的云计算厂商应提前做好相应对策。

2）企业行为分析

（1）品牌宣传

品牌宣传可以扩大企业的影响，在消费者心目中树立良好的企业形象。比如，微软公司通过云平台孵化器、投放微软云宣传视频和进行云服务更名活动等方式扩大微软云的影响力；谷歌公司通过优化谷歌搜索引擎和投放谷歌云宣传视频等方式，也可以在消费者中增强宣传力度。所以准备进入市场的云计算厂商也应策划好如何进行品牌宣传。

（2）机构扩张

对于云计算公司，在国内发展的话，对于重点城市一定要占据一席之地并加以扩张,比如北京、上海和无锡等地,都是兵家必争之地。因为这些城市中,都有政府主导的大型云计算基地,有长远的云计算发展计划,所以在这些城市占据一席之地对于企业的发展十分有利,然后可以再向国内其他主要城市和国际城市进一步拓展。

(3) 人才竞争

当代科技公司的竞争从某种意义上说,其实也就是人才的竞争。只有网罗天下英才为公司所用,才能在激烈的竞争中占据一席之地。网罗人才可以采取两种渠道:社会招聘和内部培养,通过社会招聘可以招聘到现成的人才,速度比较快,但是与公司的匹配度和忠诚度比较低;通过内部培养逐步成长的人才,速度慢一些,但是更适合企业。两种渠道可以根据实际情况酌情使用。

(4) 服务竞争

服务是一种无形商品,通过优质服务可以增加客户的忠诚度,增强客户的粘度。需要在服务手续、服务范围和服务理念上加大创新力度。所以对于新的云计算公司而言,需要在服务手续上尽可能的进行简化;服务范围不能仅仅局限于政府行业或者大公司,也应该为广大的中小公司服务;在服务理念上更应该树立客户是上帝、为客户服务的理念。

(5) 价格竞争

随着国际云巨头,如亚马逊、微软和谷歌进入中国云市场,云市场开始大打价格战,各主要的云厂商纷纷降低价格。在 2014 年 4 月 1 日,亚马逊宣布大幅降价,降幅从 10%～65%。谷歌、微软、阿里巴巴和盛大也纷纷调低了价格。所以准备进入市场的云计算厂商需要根据当前的市场进行价格调研,制定一个有竞争力的价格才有利于公司的长期稳定发展。

3) 经营绩效分析

对于亚马逊公司这样的行业巨头,在 2013 年的云服务收入达到 30 亿美元,而微软和谷歌等大公司云服务收入也高达 10 多亿美元。所以只要拥有云计算服务的核心竞争力,利润空间还是挺大的。对于新的准备进入云计算行业的企业,首先必须制定正确长远的企业战略规划,然后必须保证自己公司的产品的价格处于一个有竞争力的区间,并拥有核心云计算技术,最后辅之以优质服务。只有这样才能赢得良好的经营绩效。

3. 行业环境分析：五力模型

【理论部分】

再谈谈美国著名学者迈克尔·波特的五力模型理论。该理论包括对行业中影响竞争的五种力量的分析，包括买家议价能力、卖家议价能力、新进入者的威胁、替代品的威胁及现有竞争者的威胁。通过行业内五种力量的对比，可以影响该行业内企业的利润变化，如图6-2所示。

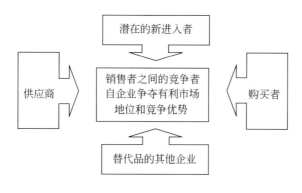

图 6-2　五力模型图

1）买家的议价能力

买家如果有很强的议价能力，无疑会减少本企业的利润，因为买家会不断压低产品的价格。买家有很强的议价能力除非买家很少，而且采购的金额很大，已经占据了本企业营业额的很大一部分，在这种情况下，买家才有可能有很强的议价能力。

2）卖家的议价能力

卖家如果有很强的议价能力，也会减少本企业的利润，因为卖家会抬高供应品的价格，增加本企业的生产成本，从而减少利润，所以也需要对卖家的议价进行管控。卖家如果有很强的议价能力无外乎能够给本企业提供供应品的卖家比较少，而且能够替代的卖家很少。

3）新进入者的威胁

新进入者对本行业现有的经营秩序会带来一定的冲击，因为新进入者一定会谋求一定的资源和市场份额。这样一来,其他的一些企业的市场份额就会降低,利润减少。所以如果想保持高额利润就必须提防新进入者的冲击。

4) 替代品的威胁

如果本企业的产品在市场上有替代品,那么替代品就有可能分走本企业的利润。所以一定要避免同质化产品竞争,应该进行差异化经营,突出本企业产品的特色和优势,才能实现利润的最大化。

5) 现有竞争者的威胁

现有竞争者会不断提高产品的技术含量,降低产品的价格。这样一来,整个市场产品的技术含量都会提高,而价格则会不断降低,利润逐渐减少,这就是竞争带来的结果。所以在面对现有竞争者威胁的时候,需要执行差异化战略,成本领先战略和集中战略,只有真正实现这三种战略,才能在竞争中占据上风。

但是五力模型也存在一些缺陷:

- 过分强调竞争,不谈合作;
- 行业规模假设是固定的,可实际上是不断发展的;
- 五力模型是静态的,而实际上市场是动态的。

【示例部分】

1) 国内云计算行业买家议价能力分析

买家包括中国各级政府机构,大型国企和数量众多的中小型企业。其中政府机构和大型国企的议价能力较强,因为他们的采购量大,而且是云计算发展政策的制定者。数量众多的中小型企业议价能力相对较弱,但是需求旺盛,业务发展潜力巨大。

2) 国内云计算行业卖家议价能力分析

卖家在云计算行业中主要提供服务器和网络设备等硬件设备。由于市面上能够提供相关硬件设备的厂商众多,所以卖家议价能力相对较弱。

3) 国内云计算行业新进入者的威胁

云计算行业的技术门槛相对较高,只有拥有云计算核心技术的高科技公司才能进入该行业。当有新进入者进入之后,必然会对现有国内云计算市场的格局造成一定的影响。其中第一梯队包括国际厂商亚马逊、谷歌和微软等,第二梯队包括国内厂商阿里巴巴、用友和中国移动等。但是由于国内市场巨大,且处于高速发展期,所以对于新进入者的发展空间还是比较大的。

4）国内云计算行业替代品的威胁

云计算产品一般分为 IaaS、PaaS 和 SaaS 三种。这三种产品既有区别又有联系，从底层硬件层到平台层再到应用层，形成一套生态体系，互相影响又相互促进。这三种产品服务几乎没有替代品，其技术含量相当高，处于科技前沿阵地。

5）国内云计算行业现有竞争者的威胁

国内云计算行业从 2014 年起开始打起了价格战，亚马逊和谷歌率先降价，本土厂商如阿里巴巴和盛大等纷纷跟进，整个云计算行业的服务费用都大幅下降，消费者得到了实惠。但是对于其他云计算厂商所面临的竞争压力无疑更大了。所以在国内云计算行业，要想发展壮大，就必须面临着国际巨头和国内巨头的竞争。所以对于行业内企业而言，掌握有竞争力的核心技术，提供有差异化的优质服务，无疑是非常重要的。

6）建议

根据以上分析，建议国内普通的云计算厂商对内应该苦练内功，强化核心技术以及提供更完善更人性化的客户服务；对外应该联合大型厂商，如亚马逊和谷歌等，形成较高的行业进入门槛，避免大量新公司进入到云计算行业中。还应该与政府和大型国企形成良好的合作关系，成为政府云计算规划的参与者，进一步影响政府的规划思路，使之向自己有利的方向发展。只有这样，才能在竞争激烈的国内云计算市场获取并维持高额利润。

6.2.2 内部环境分析

企业内部环境分析从资源和能力入手。所谓企业资源，分为有形资源和无形资源。有形资源包括实物资源、人力资源和组织资源等可以看得见摸得着的资源；而无形资源包括技术资源、创新资源和声誉资源等看不见摸不着的资源，但是从对企业利润的贡献来看，无形资源的贡献更大。

而企业能力则是指企业协调和利用资源的能力。企业的生存和发展依靠的是核心能力，也就是核心竞争力。核心能力必须满足三个条件才能称之为该企业的核心能力：

- 能够为客户带来巨大的价值；
- 能够支撑多个核心产品；
- 竞争者难以复制和模仿。

1. VRIO框架

对企业内部环境进行分析时，经常使用 VRIO 框架，该框架的使用就是为了解决四个问题，如表 6.5 所示。

表 6.5 VRIO问题表

四个问题	
	1. 该企业的资源和能力真的能应对外部的机会和威胁吗？
	2. 该企业的资源和能力真的很稀有吗？
	3. 该企业的资源和能力真的难以复制和模仿吗？
	4. 该企业真的具有组织和调动这些资源的能力吗？

通过 VRIO 框架可以确定企业内部环境对企业竞争力的影响以及处于竞争优势还是处于竞争劣势。VRIO 框架如表 6.6 所示。

表 6.6 VRIO框架表

资源或能力				对竞争力的影响	优势或劣势
是否有价值	是否稀缺	是否模仿成本高	是否被组织利用		
否	--	--	否 ↓ 是	竞争劣势	劣势
是	否	--		竞争优势	优势
是	是	否		暂时竞争优势	优势及独特能力
是	是	是		持续竞争优势	优势及持续独特能力

2. IFE矩阵

IFE 矩阵是通过量化的形式来从企业优势和企业劣势两个方面对企业内部环境做出分析。对每个企业优势劣势给出权重、分值和加权分三个项，最后通过计算加权分之和看企业内部环境是处于优势还是处于劣势。每一项分值取值从 1 分~4 分，如果最后企业的加权分之和大于 2.5，说明企业内部环境处于优势地位；如果小于 2.5，说明企业内部环境处于劣势地位；如果等于 2.5，则说明处于平均水平，如表 6.7 所示。

表 6.7 IFE矩阵表

	关键内部因素	权重	分值（1~4分）	加权分
优势	优势 1			
	优势 2			
	优势 3			
	优势 4			
	……			
劣势	劣势 1			
	劣势 2			
	劣势 3			
	劣势 4			
	……			
汇总		权重之和：1	总分：	

6.2.3 战略分析工具"知多少"

1. 价值链分析

价值链是由美国哈佛大学著名教授迈克尔波特于1985年提出的，其核心思想是企业的最终利润是由一连串的环节构成的，而这些产生最终利润的环节就是价值链。通过分析价值链，可以了解这些环节对最终利润都产生了哪些影响。如果对这些环节进行划分，可以分为基础性活动和支持性活动。其中基础性活动是能够直接为企业产生利润的活动，一般说来也就是生产活动。而支持性活动是能够间接为企业产生利润的活动，如人力资源管理、技术研发、财务管理和战略规划等。价值链分析图如图6-3所示。

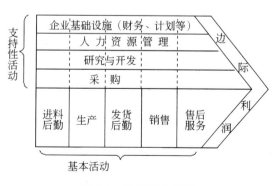

图 6-3 价值链分析图

【价值链分析示例】

以产品型软件企业价值链为例,其基础活动包括产品设计、软件开发、市场营销、应用服务和客户服务。其支持活动包括企业基础建设、人力资源管理、技术研究和物资采购等,如图 6-4 所示。

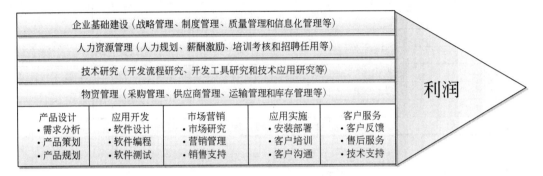

图 6-4　价值链分析示例图

推而广之,可以将价值链拓展到各个产业领域,形成产业价值链。比如软件产业价值链,就包括市场调研、招标发布、投标活动、项目中标、需求调研、软件开发、软件测试、软件实施、试运行、正式上线、系统运维和系统报废。

2. SWOT

SWOT 分析法主要是从企业优势、劣势、机会和威胁四个方面着手进行分析。其中 S 和 W 表示优势和劣势,主要是针对企业内部情况而言的。而 O 和 T 则表示机会和威胁,主要是针对企业外部情况而言的。

所以对于 SWOT 会有四种组合,分别是 SO 组合、WO 组合、ST 组合和 WT 组合。对于 SO 组合,则可以最大限度发挥优势,抓住机会;对于 WO 组合,则需要利用机会,回避弱点;而对于 ST 组合则需要利用优势,降低威胁;对于 WT 组合,则需要采取收缩和合并的战略。

【SWOT 示例】

比如现在有一家专注于能源行业的 IT 企业,经过 10 多年的发展,已经具有一定的规模，拥有一批核心技术和核心开发平台，能够快速开发，同时也有一批业务骨干。但是业务拓展还不够，仅仅依赖能源行业无法进一步让公司做强做大，而且现在国家有一种声音是拆分大型能源企业，也会对以后的业务产生不利的影响，如表 6.8 所示。

表 6.8 SWOT示例表

SWOT 在 IT 公司中的应用		内部环境	
		优势 S 1. 专注能源行业十多年； 2. 拥有核心软件技术； 3. 拥有一批业务骨干	劣势 W 1. 严重依赖能源行业； 2. 未能提供有吸引力的待遇； 3. 核心技术还不够先进
外部环境	机会 O 1. 国家正大力发展能源产业； 2. 国家经济发展增速较快； 3. 公司即将上市发展	发挥公司的核心优势，参与并引领能源产业的发展，使公司成功上市	利用有利时机，逐步克服自身劣势，更多拓展其他行业机会，增加员工待遇，提高核心技术的高科技含量
	威胁 T 1. 国家拆分大型能源企业； 2. 上市以后面临更多压力； 3. 所在行业竞争愈加激烈	尽可能的未雨绸缪，提前应对能源企业拆分威胁，并着重发挥自身的优势，增强核心竞争力，争取在行业竞争中占据优势	在稳定现有市场份额的基础上，苦练内功，增强核心竞争力，使公司产品具有差异性优势，同时降低公司成本

6.3 战略形成的层次结构

战略形成的 6 个层次具有从高到低和层层落地的关系。按照从高到低的次序依次为企业愿景、企业使命、企业目标、战略内容、战略重点和战略举措。

6.3.1 企业愿景

企业愿景描述企业未来发展的美好前途，需要具有鼓舞人及打动人的力量，愿景是一个梦想，但是比梦想更具有可操作性。企业愿景可以分为 3 个层次：（1）对社会的贡献；（2）企业的经营目标；（3）员工的行为准则。笔者认为企业愿景还是应该上升到对社会的贡献这个层次，因为这个层次最好，能够更好的持久的引领企业的发展。

有了企业愿景，企业就知道了自身的价值之所在，有了一盏指引前进方向的明灯。有了企业愿景，还可以让员工明确个人的发展目标，让员工知道企业需要什么样的帮助，可以让企业万众一心，共同奋斗。有了企业愿景，在应对突发事件的时候就不会陷入"救火队员"的角色中，而是心中有大局，肩上有担当，处理突发事件也是在企业愿景的框架之下。有了企业愿景，企业各级部门就可以主动学习相关知识和技能，建立起学习型知识型的新型企业。下面列举一些国内外知名公司的企业愿景，供参考，如表 6.9 所示。

表 6.9 国内外知名公司愿景表

	企业名称	企业愿景
国外	微软公司	计算机进入家庭，放在每一张桌子上，使用微软的软件
	福特公司	成为世界领先的汽车产品和服务的公司
	IBM 公司	点亮"智慧的地球"
	苹果公司	让每人拥有一台电脑
	迪斯尼公司	成为全球的超级娱乐公司
国内	华为公司	丰富人们的沟通和生活
	苏宁电器	打造中国最优秀的连锁服务品牌
	国美电器	成为全球顶尖的电器及消费电子产品连锁零售企业
	阿里巴巴	1. 成为一家持续发展 101 年的企业； 2. 成为全球十大网站之一； 3. 只要是商人就一定要用阿里巴巴
	金蝶软件	成为全球企业管理软件及电子商务服务市场的领导者

6.3.2 企业使命

企业使命和企业愿景是有区别的。企业使命强调的是企业未来的美好前景，对社会和行业作出巨大的贡献。而企业使命则着重强调企业需要完成的大事，一定要完成的任务。下面可以看看知名企业的企业使命是什么，如表 6.10 所示。

表6.10 国内外知名公司企业使命表

	企业名称	企业使命
国外	微软公司	致力于提供使工作、生活和学习更加方便、丰富的个人电脑软件
	福特公司	汽车要进入家庭
	IBM公司	无论是一小步，还是一大步，都要带动人类的进步
	苹果公司	借推广公平的资源使用惯例，建立用户对互联网之信任和信心
	迪斯尼公司	使人们过得快活
国内	华为公司	① 华为的追求是实现客户的梦想。 ② 聚焦客户关注的挑战和压力，提供有竞争力的通信解决方案和服务，持续为客户创造最大价值
	苏宁电器	成为中国的"沃尔玛"
	国美电器	在2015年成为最受尊敬的世界家电零售行业第一
	阿里巴巴	让天下没有难做的生意
	金蝶软件	通过我们不断创新、知识积累和流程优化，开发先进可靠的应用软件产品，为顾客创造价值，帮助顾客成功，发展成为受人敬仰的公司

【小白疑问】企业愿景和企业使命？看起来貌似一样！

通过表6.10知名企业的企业愿景和企业使命的对比，可以清晰地看到：企业愿景更强调美好的远景，并不要求马上就实现，起到的是凝聚人心的作用，凸显的是企业将来对社会和行业的伟大贡献；而企业使命则更强调的是企业一定要完成的大事，是一个艰巨的又必须完成的使命。

6.3.3 企业目标

企业目标从时间维度来看，分为中长期发展目标（3~5年）和短期发展目标（1年之内）；从空间维度来看，分为企业整体目标和部门目标。企业目标如果和企业发展相契合，将会起到推动企业发展的作用，反之，将会制约企业的发展，引起不必要的冲突和矛盾。

总的来说，企业目标必须坚持全员参与的原则，不能闭门造车，必须经过广泛的磋商，制定出的企业目标既有一定的挑战性，又符合当前企业发展的实际情况。而且最好既有稳定性又具有适当的灵活性，因为企业目标引领企业前进，不能朝令夕改，所以要具有稳定性，但是如果碰到一些趋势发生变化，需要修订企业目标的时候，又必须加以修改，这样才能保证企业目标的生机与活力。

6.3.4 战略内容

战略内容也就是对企业中长期发展目标和短期发展目标的具体描述，从各个角度来对企业目标进行详细阐述。比如某企业的目标是 5 年之内上市，那么就可以从人才、融资、品牌、资源和部门等角度来分别对战略目标进行分解：

- 从人才方面需要打造一支什么样的队伍，在招聘、培训、日常培养和工作强度方面具体应该如何做才能使之与上市目标相适应；
- 在融资方面需要做好融资规模和融资渠道等；
- 在品牌方面需要设计好品牌壮大策略；
- 在资源方面需要对资源的规划、采购、使用、运维、维修和报废全生命周期进行谋划；
- 在部门角度需要尝试公司部门如何重组或优化，才能与日后上市状态相适应。

6.3.5 战略重点

毛主席在其哲学著作《矛盾论》时指出：在复杂的事物发展过程中，有许多的矛盾存在，其中必有一种是主要的矛盾，由于它的存在和发展规定或影响其他矛盾的存在和发展。所以在谋划企业战略的时候同样需要注意的是，在诸多战略目标之中，哪个或哪些是其重点，即主要战略。抓住了主要战略，就可以集中企业力量，先实现主要战略目标，再实现其他战略目标。这其实不仅是一种哲学理论，也是做事的方法论，不仅经过理论证明，也是经过实践证明的，按照它做事，事半功倍。

6.3.6 战略举措

战略举措也就是为了完成企业战略，需要做哪些保障维护工作。其实，其核心思想也就是如何将资金、人才和其他稀缺资源从业务的一个部分转移到另一个部分，从而实现既定的企业战略。那么为了实现企业战略对稀缺资源的调配，企业就需要制定一些相关的企业制度规定（划分企业稀缺资源），或者定制一些企业人才培养计划，或者进行企业多渠道的融资（增加企业稀缺资源）等。

总之，战略举措就是为企业战略服务的。

6.4 后续战略实施与控制

6.4.1 战略实施

战略实施是对企业战略的执行过程。企业战略制定强调制定出正确的战略，而战略执行强调正确的执行战略；企业战略制定强调思考和分析，而战略执行强调领导和激励；战略制定强调一定的方法论，而战略执行强调遇事权变。所以战略制定从思维方式和处事技巧等方面来看，都是有区别的。

在战略实施过程应该坚持方向原则、权变原则和适度合理原则。所谓方向原则就是必须坚定战略方向，不能违背和偏离战略方向，因为战略的制定是经过一个审慎严密的过程，其结果不容轻易更改；所谓权变原则，也就是在不违背战略方向的前提下，具体问题具体分析，适度权变，已完成任务实现战略为目标；所谓适度合理原则，就是企业内部在实施过程中不能出现大的分歧和矛盾，需要在适度合理原则的指导下，保持各个部门之间的相互协调，共同实现企业战略。

在企业战略的实施过程，经常会碰到企业文化问题、组织机构问题、人力资源问题、企业财务问题、研发问题、生产问题和营销问题。问题是普遍存在的，但只要是有利于企业战略实现的解决办法，都应该加以提倡和推崇。

企业文化问题往往比较难以改变，因为企业文化不是一朝一夕可以形成的，也不是一朝一夕可以改变的。所以当新的信息化技术带来新的管理理念和文化的时候，势必会与旧的企业文化产生碰撞。

企业组织机构问题也是经常会产生的问题，由于信息化具有速度快和传播广的特点，往往会使得旧有的组织机构进行扁平化改革，即裁汰一级或几级机构，实现扁平化管理，提高工作效率。

人力资源问题主要是需要培养一批信息化人才，从信息化招投标、设计、实施和运维都需要有相应的专家人才支持管理，才能保证信息化系统的合理规划和正常运转。

企业财务问题主要是需要形成一套合理的信息化系统考评体系，通过投入产出比来衡量该系统的价值以及决定是否进行后续投入、投入额度等。

至于研发生产营销领域，信息化都会对企业原有的生产模式产生影响，但是只要是能够提高企业核心竞争力，能够真正提高企业生产效率，碰到一些阻力都是正常的，应该要努力克服困难，推进信息化。

6.4.2 战略反馈

战略实施过程中以及完成后，都应当对实施进行战略评价。不仅仅要评价企业战略的正确性，也需要评价企业战略的实施过程。战略评价有多种方法，如财务评价指标体系、平衡计分卡和集成计分法等。这三种方法属于逐渐发展的过程，后一种方法都是前一种方法的进一步完善。

根据战略评价反馈信息，需要进行战略重构。战略重构的原因一般是因为企业发展环境的变化。对于这些变化，需要及时响应并调整战略。只有保持一定的灵敏性，才能在激烈的竞争中维持核心竞争力的优势，在市场中始终占有一席之地。对于战略调整对企业各部门造成的影响，也应该提前考虑，保持一定的前瞻性。

孙中山先生曾说过：世界大势，浩浩荡荡，顺之者昌，逆之者亡。信息化是当今世界的又一次产业革命，深刻的影响和改变着这个世界，就是世界大势。所以只有紧跟时代发展步伐，才能不落后，才能在世界的飞速发展中牢牢占据一席之地。

第 7 章 售前要懂软件开发，但不拘泥于细节

本书讲的不是售前，是 IT 售前，IT 售前当然要包含一些 IT 技术，所以与 IT 相关的一些概念和技术，这里会展开来说一下。能回答出以下问题的售前，其实可以忽略本章：

1. 软件工程里的瀑布模型是什么？
2. 能写出两种开发语言的 Hello World？
3. 面向过程的开发和面向对象的开发有什么不同？
4. 大数据时代使用什么类型的数据库？为什么？
5. 说出软件测试的主要测试工具和测试方法？

这些问题，怎么就这么枯燥，像是以前的教科书，写者忧桑、看者伤心，若非这就是 IT 售前中必要的"IT"技能，谁愿意讲这些"废话"！

软件开发技术是软件领域的理论基础，也是理解软件真正懂得软件的必备条件。虽然初级售前不需要掌握编码，但对于初级售前从根本上理解软件背后的原理，了解软件的生产过程，对于写标书和汇报等售前工作无疑是有益的。而且本书并不会拘泥于软件技术的具体细节问题，主要还是从易于售前理解的角度，从较为宏观的角度予以介绍，目的是便于售前人员消化这些知识。下面根据在软件领域的重要程度，分别介绍软件工程、开发语言、数据库和软件测试四个方面的技术。

7.1 掌握好软件工程如虎添翼（以进销存管理系统为例）

软件工程起源于 20 世纪 60 年代产生的"软件危机"。处理"软件危机"即研究

如何将软件开发从程序员的个人行为转化成社会化行为。软件工程是指导软件开发实施运维等步骤的全生命周期管理的一门学科。如果按使用最广泛的瀑布模型来理解软件工程的话，可以把软件工程分为 6 个阶段：

（1）可行性研究；

（2）需求分析；

（3）概要设计；

（4）详细设计；

（5）编码测试；

（6）实施运维。

本节在介绍各个阶段的时候，进销存管理系统实例则贯穿于软件工程各个阶段始终。各阶段详细含义如表 7.1 所示。

表 7.1 瀑布模型各阶段含义表

阶段	含义
可行性研究	出现了一个问题，现在看看解决这个问题从技术和经济等角度是否能够得到解决，这个前期方案是否可行
需求分析	客户到底想解决哪些问题，系统需要具备哪些功能和性能
概要设计	根据客户想实现的功能和性能，架构师开始系统的高层设计
详细设计	根据概要设计，进一步细化设计成为详细设计，主要指导程序员编码
编码测试	程序员按照设计要求开始编码，测试人员开始测试
实施运维	系统开发完成后，系统开始安装部署并进行后期运行维护

7.1.1 第一步：可行性研究

可行性研究是项目生命周期的第一步，主要研究"该项目是否可以立项？"。一般可以从技术、经济、社会和法律等角度加以分析。在本小节中，主要以技术和经济角度分析。从技术角度分析，主要是分析现有技术手段能否解决该项目可能碰到的问题，需要用到的工具包括流程图、数据流图和数据字典等。从经济角度分析，则主要分析项目收益是否大于项目成本，能够盈利多少等。需要用到的方法包括成本估计、成本或效益分析等。

下面举例说明，该案例贯穿于本小节的六个步骤。该案例是常见的进销存管理系统，由于该案例逻辑简单，便于理解，所以使用该案例进行说明。进销存管理系统分为进货管理、存储管理和销售管理三大子系统。从功能上看，进货管理子系统主要是对采购计划、供货商信息、采购执行、到货接收和检验入库等步骤进行管理；存储管理子系统则主要是管理货物的库存情况，还可以跟踪货物的来源和去向；销售管理子系统则主要是管理货物的销售情况，包括销售计划管理、销售订单管理、客户提货管理、客户退货管理和发票管理等。

从性能上看，该系统要求性能稳定和响应速度快。

1．技术可行性分析

从技术可行性分析的角度来看，想要分析进销存管理系统是否可行，首先需要从宏观角度来理解和初步设计该系统。其次需要使用各种专业分析工具（流程图、数据流图和数据字典）来表达对该系统的初步设计。再次需要分析各种技术可能性，最后确定可行的技术手段。

（1）流程图表达

流程图主要描述了系统运行的各个步骤及所对应产生的文档。图 7-1 非常清晰但是也很简略的表达了进销存管理系统的整体流程：即第一步是进货管理，第二步是库存管理，第三步是销售管理。产生的文档包括进货管理对应的进货报告以及销售管理对应的销量报告。

（2）数据流图表达

数据流图主要描绘了信息流的流向以及存储的相关情况。图 7-2 主要表达了进货管理、库存管理和销售管理之间的数据流向以及数据存储的关系。其中进货管理和库存管理之间的数据流向是进货管理信息流向库存管理，需要存储的信息是入库单；库存管理和销售管理之间的数据流向是双向流动，需要存储的信息提货单、出货单和库存台账；进货管理和销售管理之间的数据流向也是双向流动，需要存储的信息包括请购台账和到货通知。

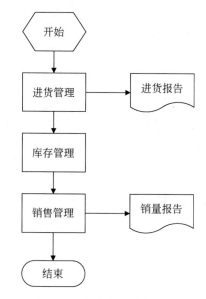

图 7-1　进销存系统流程图

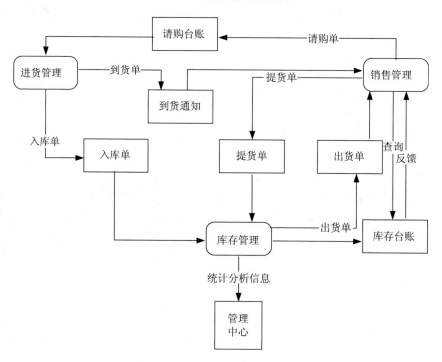

图 7-2　进销存管理系统数据流图

（3）数据字典表达

数据字典是和数据流图配合使用的，主要定义了数据的相关信息的集合。数据字典一般包括以下一些信息：名字、别名、描述、定义和位置。下面举例说明入库单的数据字典。

> 名字：入库单
> 别名：无
> 描述：入库单是准备入库的货物信息的单据，是进货管理和库存管理之间的数据存储桥梁。
> 定义：入库单=货物 ID+货物名称+所属种类+货物数量
> 　　　　+货物总价+存放位置+负责人姓名
> 位置：存储在数据库中

通过以上分析，对于进销存管理系统从宏观层面的设计和理解比较清晰了，该系统在设计和实现上难度较小，可行性较高。具体在实现方式上可以采用主流的 B/S 架构，因为该架构可以采取瘦客户端的方式，所以客户在本机不用安装任何程序就可以访问本系统。在具体实现语言上可以采用主流的 Java 或 C#语言。所以本系统在技术设计和实现层面上是可行的。

2．经济可行性分析

对于经济可行性分析，重点在于估算项目成本。可以通过 3 种方式来估算成本：
- 代码行估算法；
- 任务分解法；
- 类比估算法。

对于代码行估算法，通过估算每行代码的价格再乘以代码行数，即可知道项目成本。对于任务分解法，按照需求分析、设计、编码、测试和运维等阶段加以划分任务，再进行价格汇总即可得到成本。对于类比估算法，需要具有其他类似项目的经验，即可获得大致成本范围。因为对于乙方而言，项目预期收益也就是甲方给出的本项目的拦标价与本项目成本之差。所以通过差值即可得出在经济上是否具有可行性。

7.1.2 第二步：需求分析

1. 需求分析的目标和含义

对于乙方来说，需求分析是项目通过可行性分析，投标并中标后项目开展的第一步。需求分析的目标是挖掘出客户希望本系统解决哪些问题。需求分析的含义包括功能需求和非功能需求。其中功能需求是说明系统能完成哪些工作，非功能需求是说明系统的性能、可靠性、安全性和易使用性等。

2. 需求分析获取信息方法

要想写出一份详实的《需求分析规格说明书》，首先需要从客户那里获取需求。获取需求主要用到的方法包括：（1）访谈法；（2）调查问卷法；（3）原型法。

所谓访谈法，即调研人员与客户面对面的交谈以获取相关的需求信息。这是一种很常见且有效的方法。在访谈中，主要区分客户的欲望和客户的实际需求。也就是说，客户通常希望系统能够完成的功能有很多，有些不现实，有些超出了预算金额范围。对于不现实和超出范围的需求，需求分析人员应该予以剔除。而对于客户一些隐含的需求，如系统的响应速度要求快，界面美观，交互性好易于操作等，需求人员应予以挖掘并与客户确定。

所谓调查问卷法，是在调研对象时间比较紧张、无法进行访谈时，通过调查问卷是获取客户需求的一种方法。该方法的优点是不受时间限制，获取信息量大。缺点是客户反馈率不是太高，有些客户不愿意填写调查问卷。调查问卷需要精心周密的进行设计，设计的问题既要有封闭性问题，又要有开放性问题。问题点需要覆盖需求的方方面面。

原型法是一种非常有效的获取客户需求的办法。原型法在软件行业的术语是"做Demo"。原型实际上只是可以活动和跳转的页面，后台功能其实都并没有实现，但是从外观看起来与实际系统无异。由于原型法具有直观清晰的特点，客户可以根据已经做好的Demo，进一步提出自己的修改意见。这样一来，需求通过Demo这个载体不断优化，就会变得非常清晰了。不断优化的原型为后续开发工作的开展打下坚实的基础。

3. 需求分析描述信息方法

获取需求之后，需要使用工具对需求加以描述。通过形象化的方式，使需求更加明确。通常用到的工具包括用例图和时序图等。本系统的核心用户包括：进货人员、库存管理员和销售人员。下面以进货人员为研究对象，举例说明如何用用例图来表示相关需求。用例图主要表明进货人员需要完成哪几件事。进货人员主要的工作是进货管理和货物入库，其中进货管理主要包括供应商信息管理及货物的信息管理，如图7-3所示。

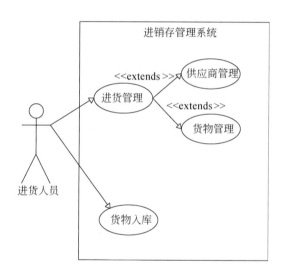

图7-3 进销存管理系统进货人员用例图

对于进货人员将货物入库这项工作，如果用时序图表示，可以分为6步：
（1）用户登录申请；
（2）返回登录成功；
（3）核查货物信息；
（4）货物入库申请；

（5）系统处理入库申请；

（6）返回入库成功信息。

通过时序图,可以使得不同页面、不同对象之间的交互非常清晰,对于程序员理解需求也是很有帮助的。时序图如图7-4所示。

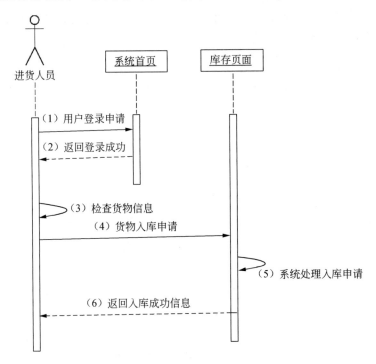

图 7-4 进销存管理系统进货人员时序图

4．需求分析和后续活动的关系

通过前面的需求获取和需求表达,已经为撰写《进销存管理系统需求规格说明书》准备了丰富的材料,读者可以在网上查阅需求规格说明书的国家标准,了解相关知识。需求分析完成之后,紧接着就要进行设计了。设计分为概要设计和详细设计,一般都是由架构师完成。概要设计侧重于高层设计,详细设计比概要设计更具体,详细设计可以用来指导程序员编码。下面将开始介绍概要设计。

7.1.3 第三步：概要设计

在概要设计步骤中，需要从系统架构层面对功能架构、信息架构、技术架构和网络架构加以设计。有了这四个领域的架构设计，就可以从宏观上对系统的整体情况进行把握，才能继续进行后续的详细设计。下面对这四个架构设计分别予以说明。

1. 功能架构

进销存管理系统的核心业务环节为进货、库存和销售。所以根据进销存核心业务将本系统划分为进货管理子系统、库存管理子系统和销售管理子系统。详细功能如图7-5 所示。

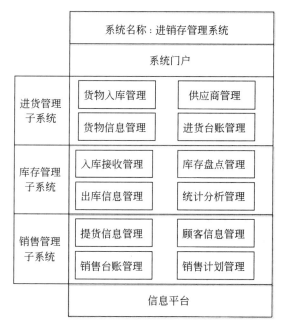

图 7-5　进销存管理系统功能架构图

2. 信息架构

信息架构一般是描述宏观的信息流向。在本系统中，整体的信息流向是从购买货物开始，记录相关信息后，货物入库。然后销售从仓库提货后，库存信息做相应修改。卖出商品后，销售信息记录在销售台账中。由于库存信息是货物流转的中枢，所以从库存信息中可以统计分析得到相关数据和图表。具体信息架构如图7-6所示。

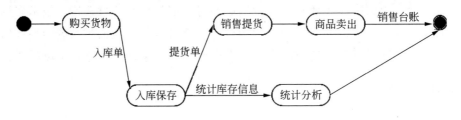

图7-6　进销存管理系统信息架构图

3．技术架构

技术架构主要是说明本系统需要使用到哪些技术，各个技术之间的关系是什么。从横向上看，主要是本系统和其他系统的接口关系；从纵向上看，主要需要说明本系统的架构层次以及用到的具体技术，如图7-7所示。

图7-7　进销存管理系统技术架构图

4．网络架构

网络架构属于基础性架构，层级上包括总部和各门店两级，总部通过因特网与各个门店相连接,如图 7-8 所示。

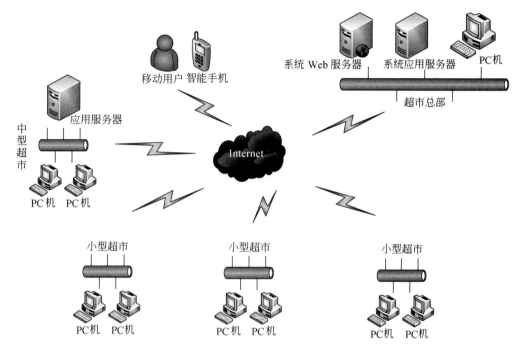

图 7-8 进销存系统网络拓扑图

7.1.4 第四步:详细设计

详细设计是概要设计的进一步细化,至少应该在三个方面得到加强:(1)数据库表;(2)类图;(3)伪代码。数据库表是编程实现的基础,没有完成数据库设计,无法进行编码。类图是在系统的模块图基础之上的进一步细化,类图包括属性和操作两部分,属性就是这个类的固有参数,操作就是对这些参数进行操作的函数,操作一般由增加、删除、修改和查询等组成,也可以根据需要自行定义更复杂的函数。伪代码是体现了实现逻辑的一种代码形式,它不是用程序语言写成的,但是已经将程序逻辑完全体现出来,程序员按照伪代码即可完成编码。下面还是以进销存系统为例来展示如何进行详细设计,主要还是让售前人员对于详细设计的内容及步骤有一个了解。

首先介绍数据库表,传统数据库有微软的 SQLServer 系列和甲骨文公司的 Oracle 系列,虽然在实际操作上有所不同,但是在设计数据库表这个环节上,与具体数据库无关。如图 7-9 数据库表所示,主要体现了数据库表的内容结构,一般由主键(PK)和各个属性构成,数据库表的设计需要符合数据库设计三大范式的要求。

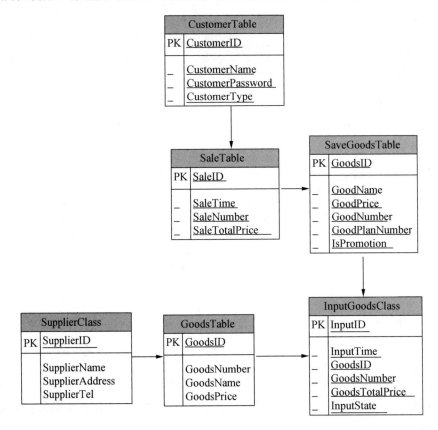

图 7-9 进销存系统数据库表

再介绍类图,类图体现了架构师对于系统中涉及的各个类的结构以及类与类之间关系的理解,是后续编码的基础,类图与数据库表的重大区别是类图可以用函数对属性进行操作,而数据库表只有属性没有函数操作,如图 7-10 所示。

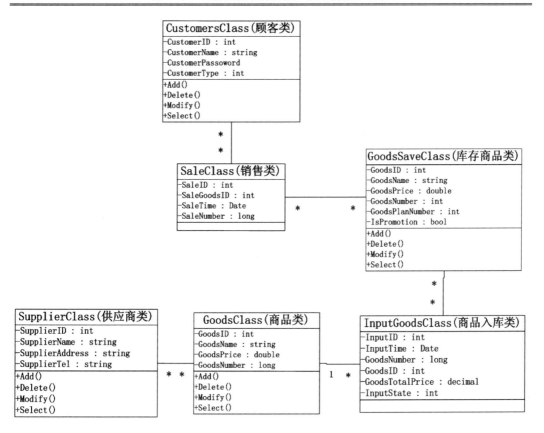

图 7-10　进销存系统类图

下一步介绍伪代码，伪代码已经非常接近真正的代码，看伪代码主要是看逻辑性。下面这段伪代码主要目的是查询进货信息或退货信息，主要使用了 SQL 语句以及对展示控件 Gridview1 的填充和绑定，如下所示：

```
public void bind()
{
    定义 strsql,type;
    if (Type 接收到的信息是 y)
    {
        把 "进货信息" 赋值给 type;
        把 type 赋值给 Label1;
    }
```

```
else
{
    把"退货信息"赋值给 type;
  把 type 赋值给 Label1;
}
    构建查询字符串 strsql;
构建数据库连接字符串 strcon;
  打开 strcon;
  使用 strsql, strcon 构建 SqlDataAdapter 实例;
构建 DataSet;
填充 SqlDataAdapter 实例;
    填充 GridView1.DataSource;
    填充 GridView1.DataKeyNames;
    绑定 GridView1.DataBind();
}
```

7.1.5 第五步：编码与测试

编码部分主要还是用 C#语言来展示"查询进货信息或退货信息"，与上面的伪代码保持一致。C#代码如下所示。

```
public void bind()
{
    string strsql,type;           //定义变量
    if (Request["type"] =="y")    //如果 type 接收到的信息为 y
    {
        type = "进货信息";         //将进货信息赋值给 type
      this.Label1.Text = type;    //将 type 赋值给 Label1
    }
    else                          //如果 type 接收到的信息不是 y
    {
        type = "退货信息";         //将退货信息赋值给 type
     this.Label1.Text = type;     //将 type 赋值给 Label1
    }
     strsql = "select * from stock where type='" + type + "'
     "+Session["sql"]+" order by id desc";    //构建查询 SQL 语句
```

```
SqlConnection strcon = new SqlConnection(System.Configuration.
ConfigurationManager.AppSettings["strcon"]); //构建数据库连接字符串
strcon.Open();  //打开数据库连接
 SqlDataAdapter sda = new SqlDataAdapter(strsql, strcon);
                                                //构建 SqlDataAdapter
DataSet ds = new DataSet();             //新建 DataSet
sda.Fill(ds, "search");                 //填充 sda
 GridView1.DataSource = ds.Tables["search"];
                                        //填充 GridView1 的数据源
GridView1.DataKeyNames = new string[] { "id" };
                                        //填充 GridView1 的主键
GridView1.DataBind();                   //绑定 GridView1
}
```

测试部分按测试顺序（从小到大）分为单元测试、模块测试、子系统测试、系统测试和验收测试。其中单元测试主要是程序员对于自己的编码成果物自行测试；模块测试主要是项目组把系统中各个独立的模块一一测试，看模块以及模块接口有没有问题存在；子系统测试是项目组把系统中各个模块组装成各个子系统进行测试，看子系统及各子系统接口有没有 Bug 存在；系统测试则是项目组把系统作为一个整体来进行测试，不仅看有没有 Bug 存在，也要看有没有实现事先描述好的需求；验收测试一般是在用户的参与下进行的，最终确定系统能不能满足其需求。

7.1.6　第六步：实施与运维

实施一般是指系统开发完成之后，实施人员在客户现场进行系统的安装部署以及升级试运行等工作，而运维一般是指完成系统验收工作之后，根据合同进行的系统运行维护，出现问题解决问题等工作。

实施的几个步骤一般是：

（1）接受实施任务；

（2）实施团队进驻客户现场；

（3）安装部署系统；

（4）如有需要进行系统升级；

(5) 试运行系统三个月,而与客户的沟通协调工作则贯穿于实施工作的始终。

运维的几个步骤一般是:

(1) 接受运维任务;

(2) 接受客户的反馈问题;

(3) 通过电话或去客户现场解决问题;

(4) 保存维护报告及客户评价。

7.2 程序员的开发本领——开发语言(以 C++为例)

开发语言的发展历史大致经历了低级语言、中级语言和高级语言三个发展阶段。低级语言包括机器语言和汇编语言等,中级语言包括 C 语言,高级语言包括 Java、C# 和 C++等。低级语言一般很难阅读,也很难维护,因为都是直接对机器的操作指令。中级语言跟低级语言相比,更接近人类语言,但在编码过程中还是基本以面向过程为主,缺乏面向对象的思想。而高级语言则类似于人类语言,与人类认识世界的思维相似,易于编码和维护,所以得到了广泛的使用。

由于低级语言使用范围不广,以前在单片机开发中还有使用,现在单片机开发也使用 C 语言或者更高级的语言了,所以本节对低级语言不予介绍,有兴趣的读者可以自行阅读学习。本节主要对 C 语言和 C++语言加以概要介绍,C 语言是编码的基础,在大学阶段开发专业都需要学习。C++也是一款功能强大的高级语言,得到了众多程序员的喜爱,使用非常广泛。介绍这两种语言的主要目的还是让售前对于编码环节有一个直观的了解,不至于在编程领域说外行话,为将来良好的职业发展打下基础。

7.2.1 面向过程的开发语言(以 C 语言为例)

C 语言是一种面向过程的语言,即不带有"类"的思想,通过编制一条条计算机指令一步步的实现目标。虽然 C 语言不带"类"的思想,但它是 C++语言等高级语言的基础,学习了 C 语言以后,才能学习 C++等高级语言。在大学里,各个专业的学生都需要学习 C 语言，虽然深浅不一，但是对于形成计算机解决问题的思维方式，或为将来的编码生涯打下基础，无疑是相当有益的。

本小节只介绍 C 语言的最核心的特点——函数和语句。因为本书不是一本编程书籍，本小节的主要目的还是想告诉售前，编程是怎么一回事。如果想更多的了解编程知识，请查阅其他相关书籍。

作为经典的入门例子，HelloWorld 无疑是最著名的。下面我们通过一个 HelloWorld 的小程序来看看程序到底是什么样子的。

```
# include "stdio.h"         //调用头文件
int main()                  //主函数
{
 printf("Hello World");    //输出"Hello World"
 return 0;                 //无返回值，跳出主函数
}
```

从以上小程序可以看出，程序有以下几个特点。

1. 包含一些头文件

头文件是支持后面的一些程序语句的功能使用的，所以头文件必不可少。但是哪些头文件支持哪些语句，这个需要读者自行查阅相关书籍。

2. 由函数组成

函数是 C 语言程序的基本组成要素，函数一般由函数名、输入值类型和返回值类型三部分构成。一个函数相当于黑盒，输入值经过函数的加工处理，最终输出一个值作为结果。函数也可以被其他程序调用，调用的时候不用管函数的内部结构，只要给它一个输入值，就可以得到一个相应的输出值。所以函数的地位非常重要，函数的地位相当于人体的器官。

3. 由语句构成

语句是 C 语言的最小组成单位，函数也是由语句组成的。每个语句代表一条计算

机指令，即要求机器做哪些工作。比如输出，就可以使用语句 printf；格式输入，就可以使用语句 scanf。语句的地位就相当于人体的细胞。

7.2.2　面向对象的开发语言（以 C++语言为例）

C++语言是 C 语言的进一步发展，因为随着程序体积的变大，C 语言显得有些力不从心，所以 C++语言应运而生。C++的核心特点是类的思想，所以也有人把 C++称为"带类的 C"。

1．类的思想

"类"的思想其实是人类认识世界的一种很重要很普遍的思维特点。类其实也就是归类，人们把各种鸟归为鸟类，把各种鱼归为鱼类。类说明这些事物具有一些普遍相同的特征。在程序世界里，也能够应用类的思想。比如三角形类，它除了有三角形的三条边的长度变量外，还可以支持对三角形的各种计算，如计算三角形的角度，判断是不是直角三角形等等。所以在程序世界里的"类"，其实由两部分组成，变量和函数。变量就像做饭用的米，函数就像电饭煲，把米放进电饭煲，最后可以出来热腾腾的饭。类似的，把变量放进函数，就可以出来你想要的结果。所以程序世界里的"类"，其实就是一个集大成者，集合了变量和函数，封装成一个整体。下面看一个实际的例子，有利于形成感性认识。

```
#include <iostream.h>        //调用头文件
using namespace std;         //使用命名空间
class Addition               //加法类
{
public:                      //表示共有的函数
 Addition(int r ,int m);     //加法类自身初始化函数的声明
 int Getadd();               //加法类的加法函数的声明
private:                     //表示私有的变量
 int a;                      //变量 a 的声明
 int b;                      //变量 b 的声明
};
```

```
Addition::Addition(int r ,int m )    //加法类自身初始化函数的具体实现
{
 a=r;                                //把外面传进来的形参 r 的值赋给变量 a
 b=m;                                //把外面传进来的形参 m 的值赋给变量 b
}

float Addition:: Getadd ()           //加法类的加法函数的具体实现
{
return a+b;                          //返回两数之和
}

int main()                           //主函数
{
 Addition addition(1,2);             //Addition 类生成对象，并进行初始化
 cout<<"c is"<<addition.Getadd();    //调用函数，输出两数之和
 return 0;                           //跳出主函数
}
```

2．继承的思想

在程序世界里，继承的意思是说如果 A 类是父类，B 类是子类，即 B 类继承 A 类。B 类就可以根据情况使用 A 类的变量和函数，当然 B 类也可以自己开发出新的函数。这样一来的好处就是，可以避免重复书写类，有利于减轻程序员的工作量，也使得代码更加简洁和具有可读性。

7.3 软件项目的幕后英雄——数据库（以 Oracle10g 和 HBase 为例）

数据库是存储和管理数据的仓库，在任何一个软件项目中都是必不可少的重要组成部分，虽然前台用户感觉不到它的存在，但它绝对是软件项目的幕后英雄。

最早的数据库包括网状数据库、层次数据库及关系型数据库，后来关系型数据库逐渐占据了主流地位。而近些年来，为了适应大数据时代的来临，以谷歌 BigTable 为

代表的以及开源的 HBase 列式数据库大有对关系型数据库取而代之的势头。其实这些各种数据库的变化背后的驱动力都是时代和用户需求的巨大变化,未来数据库的发展趋势必将是最能适应时代发展和用户需求的新型数据库才能脱颖而出。

下面我们将揭开数据库的神秘面纱,从设计数据库的三大范式到传统关系型数据库,再到最新的列式数据库,将会一一加以介绍。

7.3.1 理解设计数据库三大范式(以进销存管理系统为例)

在介绍传统数据库设计的三大范式之前,我们先来看看数据库里存储的数据库表到底是什么样子的。以进销存管理系统中的库存商品表为例,在数据库中以表的形式存在,如表 7.2 所示。

表 7.2 库存商品数据库表

GoodsID	GoodsName	GoodsPrice	GoodsNumber	GoodsPlanNumber	IsPromotion
0001	腰果	7.8	1000	800	1
0002	香蕉	5.3	700	900	0
0003	葡萄	6.9	1500	1000	1

通过表 7.2 我们可以了解数据库表是由表结构和表内容两部分构成的。表结构就是指 GoodsID 和 GoodsName 等这些表属性,是相对不会变化的。而表内容则以行的形式展示,每一行的内容都不一样,对于表内容用户可以执行增加、删除、修改和查询等操作,是可以变化的。

而数据库设计中的三大范式是针对设计数据库表结构的过程中需要遵循的原则和注意的问题。对于数据库设计师而言,死抠三大范式不一定会设计出好的数据库表,但是不抠三大范式肯定设计不出优秀的数据库表。所以了解三大范式到底是怎么一回事,对于软件售前而言,也是必要的。

1. 标准定义

第一范式(1NF):数据库表中的字段都是单一属性的,不可再分。

第二范式(2NF):数据库表中不存在非关键字段对任一候选关键字段的部分函

数依赖，也即所有非关键字段都完全依赖于任意一组候选关键字。

第三范式（3NF）：在第二范式的基础上，数据表中如果不存在非关键字段对任一候选关键字段的传递函数依赖则符合第三范式。

2．分析理解

乍一看三大范式觉得特别难以理解，其实仔细分析，就会发现并不复杂。首先看第一范式，第一范式的意思就是说需要将表属性分解到最小级别，即不可再分的程度，这样做的目的是为了避免表中有表。

第二范式的意思是说在表各属性中不能够存在部分依赖的情况。所谓部分依赖，是指A→B即知道A就可以得到B，那么B依赖于A。比如库存商品表，GoodsID就是主键，按照第二范式的要求，其他的表属性不能够与GoodsID存在依赖关系。比如GoodsName就可以独立出去，因为根据GoodsID就可以直接得出GoodsName，所以GoodsName是部分依赖于GoodsID的。对于部分依赖，按照第二范式的要求，是需要清除的。

但是GoodsID和GoodsName的关系是1:1的关系。在表设计中，对于1:1或1:N的关系是可以合并的，不会导致操作异常和数据冗余。但对于M:N的关系，则不可以合并。

第三范式的意思是说表各属性不能够存在传递依赖的情况。所谓传递依赖，即A→B→C，则C传递依赖于A。比如库存商品表中，GoodsID→GoodsName→GoodsPrice。所以GoodsPrice传递依赖于GoodsID。根据第三范式，需要清除这些传递依赖。

但是在实际设计过程中，对于1:1或1:N的情况，合并反而更加有利于设计。所以，满足三大范式的表设计肯定是清晰的，但是不满足的表也不一定就是错误的。

7.3.2 传统关系型数据库（以Oracle10g为例）

传统的关系型数据库主要是由数据和数据库对象组成的。数据库对象包括二维表、视图、触发器和存储过程等。

1. 二维表

在传统数据库中，二维表通常由行列组成。每一列称之为一个"字段"，每一行包含若干信息项，称之为"记录"。每一个二维表都是有一些行和列构成的，都有一个主关键字，如 NameID 等。

2. SQL 语句

SQL 语句是操作和控制数据库表的语言工具，在此以创建表、增加一条记录、删除一条记录、修改一条记录和查询某条记录五种操作作为代表加以说明。

（1）创建表（CREATE）

该语句主要是创建 GoodsSaveTable，每个字段后面都带了属性，语句如下所示：

```
CREATE TABLE GOODSSAVETABLE
{   GOODSID INTEGER,
GOODSNAME STRING,
GOODSPRICE DOUBLE,
GOODSNUMBER INTEGER,
GOODSPLANNUMBER INTEGER,
ISPROMOTION BOOL
}
```

（2）增加一条记录（INSERT）

增加一条"西瓜"的记录到数据库表中，语句如下所示：

```
INSERT INTO GOODSSAVETABLE
(GoodsID,GoodsName,GoodsPrice,GoodsNumber,GoodsPlanNumber,IsPromotion)
VALUES (0004,'西瓜',2.4,2000,3000,0)
```

（3）删除一条记录（DELETE）

删除"葡萄"这一行的数据，语句如下所示：

```
DELETE FROM GOODSSAVETABLE
WHERE GOODSNAME='葡萄'
```

(4) 修改一条记录（UPDATE）

修改"腰果"的价格翻倍，语句如下所示：

```
UPDATE GOODSSAVETABLE
SET GoodsPrice=2*GoodsPrice
WHERE GOODSID=0001
```

(5) 查询某条记录（SELECT）

这条语句是想查询 GoodID=0001 的 GoodsName 和 GoodsPrice 分别是多少，语句如下所示：

```
Select GoodsName,GoodsPrice
From GoodsSaveTable
Where GoodsID='0001'
```

3．触发器

触发器其实是一种特殊的存储过程，由增加（Insert）、删除（Delete）和修改（Update）等操作触发而被执行的，在数据库中应用十分普遍。

4．存储过程

存储过程是 SQL 语句的集合，数据库用户通过调用存储过程，输入参数来执行它。存储过程是数据库中的一种重要对象。

7.3.3 最新列式数据库（以 HBase 为例）

传统关系型数据库的存储都是结构化数据。而在互联网时代，搜索引擎的爬虫收集到的各种数据大多是半结构化数据和非结构化数据（如图像、音频和视频等），而且数据量巨大（达到 P 级以上），且要求响应速度快。所以基于这些新的变化和新的需求，谷歌的 BigTable 应运而生。后来谷歌发表了三篇经典论文，向外界披露了自己的研究成果。基于谷歌论文，BigTable 的开源版本 HBase 也被开发出来了。

HBase 一般有 3 个特点：

- 表很大，可以有上亿行和列；
- 主要结构是面向列的，以列族为主；
- 表非常稀疏，因为空的列并不占存储空间。

HBase 架构图包括 HRegion、HRegionServer、HMaster、Client 和 Zookeeper 等，具体内容如下。

- HRegion：每个 Region 下面都会有一些列族，当 Region 达到存储上线的时候，会自动分裂成新的 Region。
- HRegionServer：每个 HRegionServer 里都管理着一些 HRegion。在设计的时候考虑到防止 HMaster 的负载过重，所以对于读写操作都会由 HRegionServer 来响应。
- HMaster：HMaster 主要是起到管理 Region 和表的作用，由 ZooKeeper 选举产生。
- ZooKeeper：ZooKeeper 的主要作用是了解各个 HRegionServer 的健康状况。

HBase 架构图如 7-11 所示。

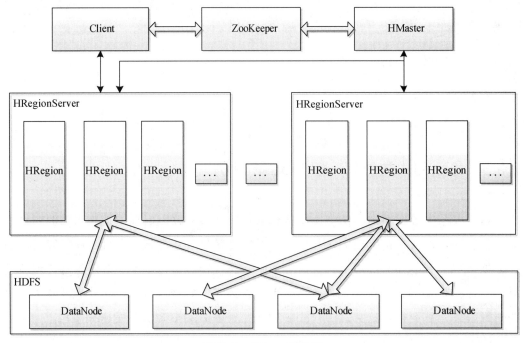

图 7-11　HBase 架构图

7.4 常常被忽视的软件测试技术

软件测试技术经常被人们所忽视,但实际在软件工程全生命周期中占有重要的地位。以美国的软件开发投资举例,测试环节的投资一般占总投资的15%左右。所以可以这么理解,对于一个软件作坊,可能软件测试看起来没有开发环节重要。但是对于一个软件工厂,软件测试就是软件生产线上的重要一环,影响着最终软件产品的质量。

从测试阶段来看,软件测试一般分为单元测试、集成测试、系统测试和验收测试四个步骤,这四个步骤体现了测试从底层到高层,从小到大的逐步测试理念。从测试方法来看,软件测试一般分为白盒测试和黑盒测试等。从测试工具来看,一般包括负载测试工具 Loadrunner、软件错误管理工具 Bugzilla 和功能测试工具 WinRunner 等。对于售前而言,对测试的各个阶段需要掌握,对于测试方法和测试工具,了解即可。

7.4.1 测试阶段

1. 单元测试

单元测试与其他几个测试阶段的最大区别是测试的主体不一样。单元测试是由程序员自己来测试自己的代码,而其他几个测试阶段都是由测试人员来测试软件产品的。单元测试的具体过程是程序员写一段测试代码来测试一个函数或者一个类是否功能齐全,能够正确的进行输入输出。

2. 集成测试

集成测试最简单的形式就是把两个或多个函数或类联合起来测试。复杂的形式就是把多个模块集成为子系统或系统来测试。通过集成测试,不仅可以发现单个模块存在的问题,还可以发现模块与模块之间接口存在的问题。

3. 系统测试

到了系统测试阶段,软件产品已经问题不大。但是还需要将软件产品和硬件、网络等其他设备联合在一起测试。通过这样的测试，主要目的在于发现软件产品在实际环境中运转所存在的问题。

4．验收测试

验收测试是测试阶段的最后一个环节，需要由客户参与。到了这个阶段，软件产品的功能性能已没有问题，在实际环境中的运转也都正常。主要是看看和客户的需求是否一致，各项功能和性能能否达到客户的要求。如果验收测试通过，该软件产品就可以交付客户使用了。

7.4.2 测试方法

1．白盒测试

白盒测试主要测试代码的逻辑性，它测试代码内部的逻辑思路是否与需求和设计相一致。代码对于测试人员是透明的和可视的，所以称之为白盒测试。

2．黑盒测试

黑盒测试把代码或模块看成是一个黑盒，即不透明的物体。测试人员只能查看输入和输出的情况，对于黑盒的内部情况一无所知。通过黑盒测试，可以掌握该部分的输入输出结果是否符合要求。

7.4.3 测试工具

1．负载测试工具Loadrunner

使用 Loadrunner 可以模拟成千上万的用户使用系统的情况，可以有效测试系统负载，对于了解该系统的最大负载和响应时间等信息非常有效。

2．软件错误管理工具Bugzilla

Bugzilla 能够让测试人员提交 Bug，并把 Bug 分发给各个开发人员。开发人员可以根据 Bug 的优先级来安排时间，对于管理 Bug，提交程序员的工作效率很有效果。

3．功能测试工具 WinRunner

WinRunner 是一种自动化功能测试工具，它通过自动记录测试人员原始操作，然后再在相同环境重放，看看测试结果有无异常。这种自动化测试工具可以大量节省测试人员的精力。

通过以上的介绍，读者应该对软件开发技术有了一个整体的框架性认识，在宏观上理解了软件工程、开发语言、数据库及测试技术的基本思想和内容。但是在细节方面肯定会有一些不清楚不理解的地方，这是正常现象，不用着急。因为软件开发技术博大精深，在此短短的 20 页篇幅中是无法完全说清的，只能先掌握其脉络和精髓。对于初级售前而言，如果对于软件开发技术细节问题感兴趣，可以进一步阅读其他的相关技术书籍。

第 8 章　售前要时刻掌握并跟随新技术

如果别人不知道"云"，IT 售前听到云也"晕"，那售前怎么可能给用户解决方案，怎么能与用户一起愉快地玩耍？好吧，小售们，你们也学了这么多了，根据平时的阅读来看看下面几个问题：

云计算是什么？

大数据是什么？

物联网是什么？

市场上都有哪些云？

你们提供的解决方案是否包括云？

你如何向客户解释云？

你如何向客户解释大数据？

你们的产品与移动互联网有几毛钱关系？

……

好吧，本章就是探讨云计算、物联网和大数据等新技术的内涵以及相互关系。因为这些新技术之间不是孤立存在的，而是相互关联，相互配合的。物联网一般作为感知层存在，通过传感设备获取大量信息；然后通过 3G/4G 等传输层网络传输到云计算平台上进行处理，处理技术一般用大数据分析，然后再把相关结果传输给终端设备等应用层。所以从整个流程来看，各个新技术之间紧密结合，已成为生态体系，互相依赖且不可分割，如图 8-1 所示。

第 8 章 售前要时刻掌握并跟随新技术

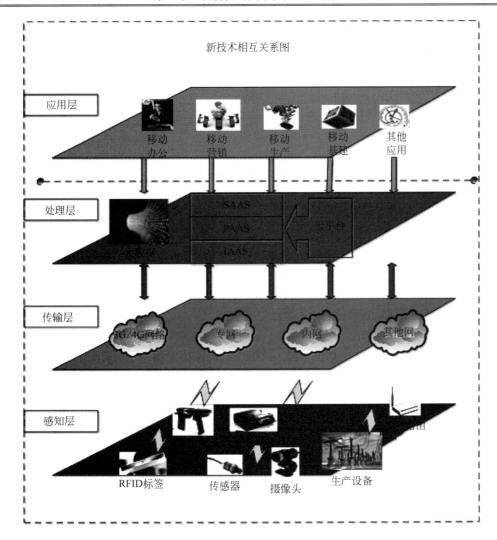

图 8-1 新技术整体架构图

8.1 强大的云计算

云计算是什么？对于许多初级售前而言，也许并不是非常清楚。简言之，云计算就是把许多单个的计算能力联合起来,集中按需对外弹性输出计算能力的一种技术。打个比方也许更好理解,比如很久以前在一个村庄里,家家户户都用自己家的发电机发电,后来村子里修了电厂,家家户户都使用电厂发的电。在这里,以前村子里每户人家使用的发电机就是相当于现在每家都使用自己的电脑一样,而后来村子里修了电厂,则相当于当今的云计算技术。所以说,云计算技术是计算机技术发展到一定阶段的高级产物,已经由个人 PC 机时代进入了云时代,具有划时代的意义。

当今最著名的云计算公司就是谷歌、微软和亚马逊,他们三家公司的技术都是非常先进的。下面主要针对售前人员的理解和使用特点分别对三家公司的云计算技术进行介绍,主要介绍需求、架构、功能和性能等,通过介绍,希望售前人员对云计算各方面的情况有一个初步的了解,便于与客户交流和撰写技术方案使用,也为进一步的学习打下基础。

8.1.1 谷歌云

谷歌是当今世界拥有最先进的云计算技术的公司之一,她在 2006 年就提出"云计算"这个概念,接着发表了一系列论文,阐述了谷歌公司自己开发的云平台的架构、功能和特性,促进了开源云的发展,为世界云计算技术的发展指明了方向。下面分别介绍一下谷歌的云计算技术。

【谷歌老三宝:GFS、MapReduce 和 BigTable】

(1) GFS:是谷歌传统的分布式文件系统,为其他组件提供了支撑。GFS 把服务器节点分为 Master(管理节点)和 Chunk Server(存储和计算节点)。当有一个新计算任务来的时候,先交由 Master 分配计算任务,然后将分配好的计算任务交由 Chunk Server 计算。Chunk Server 计算完成之后,再交由 Master 统一汇总,然后输出给客户。

(2) MapReduce:是谷歌传统的计算框架,高达 80%的计算需求都是由 MapReduce 来完成的。MapReduce 一般把计算步骤分为两步 Map 和 Reduce。Map 负责把计算任务切分成 N 个小块,然后每一个 Map 计算自己的任务,每个 Reduce 的任务就是把 Map 计算出的中间结果进行合并操作,由于各个 Reduce 任务互不交叉,所以把各个 Reduce 进行合并就可以得到最终计算结果。

（3）BigTable：是谷歌传统的分布式存储系统。基于谷歌的数据处理需求，BigTable 需要经常处理海量的结构化数据和非结构化数据，所以 BigTable 在结构特点上与传统的行数据库（如 Oracle10g）完全不同。BigTable 的表结构一般由行关键字、列族关键字和时间戳组成。

这种结构非常适合于谷歌的搜索业务。比如现在谷歌的网络爬虫爬到了一个网页，需要将其存储在 BigTable 中，那么行关键字就是 www.google.com，列族构成就是谷歌的各个 HTML 页面以及不同时间的时间戳，因为页面会随着时间的变化而变化，所以时间戳是必要的，如图 8-2 所示。

Row Key	Time Stamp	Column"contents."
"com.cnn.www"	t6	"<html>…"
	t5	"<html>…"
	t3	"<html>…"

Row Key	Time Stamp	Column"anchor."	
"com.cnn.www"	t9	"anchor.cnnsi.com"	"CNN"
	t8	"anchor:my.look.ca"	"CNN.com"

Row Key	Time Stamp	Column"mime."
"com.cnn.www"	t6	"text/hlml"

图 8-2 BigTable 示意图

【谷歌新三宝：Caffeine、Dremel 和 Pregel】

（1）Caffeine：是谷歌新一代的内容索引系统。由于谷歌原有的索引系统速度很慢，是基于 MapReduce 的应用，采用批处理的方式，已经不适应当今实时计算的需求了。所以 Caffeine 针对索引存在的问题进行了一系列的改进，使得索引系统的速度大幅提高，能够满足实时计算的需求。

（2）Dremel：用来处理大数据，它的前任就是大名鼎鼎的 MapReduce。Dremel 的处理速度相当快，在几秒钟的时间内可以处理 PB 级别的数据。一般云平台的大数据处理，速度和规模不能兼顾，虽然处理规模比较大，但是存在延时现象，速度不够快。但是在 Dremel 这儿，速度和规模得到了兼顾。

（3）Pregel：主要基于分布式计算平台来处理大型图对象的问题。在日常生活中，经常会有大型图的处理需求，如社交网站上的社会关系图，需要对其进行分析处理。而借助 Pregel，大型图对象可以得到规模化高效的处理。

综上所述，上面介绍的各个谷歌的系统和计算框架都是与谷歌业务（海量数据、多种数据结构和处理速度实时性需求等）无缝衔接的，既解决了当前谷歌的现实问题，同时也是一项发明创新。在谷歌这里，现实需求和发明创新完美的结合在了一起。

8.1.2　Hadoop

Hadoop 是谷歌的开源云平台，其核心组件包括 HDFS、MapReduce 和 HBase 等。其中 HDFS 是谷歌 GFS 的开源实现，MapReduce 是谷歌 MapReduce 的开源实现，HBase 是 BigTable 的开源实现。对于售前而言，具体技术实现细节不需掌握，但是需要掌握 Hadoop 的基本构成、组件原理及基本架构。下面分别就 Hadoop 的三大核心组件加以介绍。

1. HDFS

先介绍 HDFS（分布式文件系统）。分布式文件系统，顾名思义，也就是把许多文件存储在不同的服务器上，各个服务器之间通过网络相连。在 HDFS 中，负责存储数据的服务器节点称为 DataNode，另有一台负责管理这些 DataNode 的服务器节点，称为 NameNode。HDFS 主要在以下几个方面有不俗的表现：高容错、大吞吐量和大数据集。

（1）高容错。由于分布式文件系统涉及成千上万的服务器，所以服务器出错、损坏是常态，HDFS 在设计的时候就考虑到了这一情况并着手加以解决。HDFS 一般在 DataNode 上备份 3 份文件，而且 NameNode 会定时（3 秒）对 DataNode 进行心跳检查，一旦发现没有心跳（超过 10 分钟），将立即启动其他服务器上的备份。因此，某台服务器损坏不会对整个平台的运行造成不良影响。

（2）大吞吐量。HDFS 的长处在于对数据的批处理，批处理的数据量非常大，所以必然耗费时间，也带来了高延时。

（3）大数据集。HDFS 处理的文件一般都在 GB 级甚至 TB 级，对于大数据集处理十分擅长。

但是 HDFS 也存在两个缺点：（1）高延时；（2）不擅长处理大量小文件。由于大吞吐量，批处理所需的时间较长，所以 HDFS 具有高延时的特点，如果需要低延时的场合（几十毫秒），HDFS 并不适合。另外由于 DataNode 里面存储的文件，都必须在 NameNode 里以对象形式加以存储。所以一旦 DataNode 里有大量小文件（一般指小于 64MB 的文件），NameNode 容量和处理速度有限，必然就吃不消了。所以 HDFS 不擅长处理大量小文件。

2．MapReduce

MapReduce 是 Hadoop 里的大数据集计算模型，通过 MapReduce 可以对任务进行分解计算，然后再进行汇总。具体来说，是将计算步骤分为 Map 和 Reduce 两步。Map 步骤的任务主要是把计算任务进行分解，交给不同的计算节点进行计算，然后 Reduce 步骤再将各个计算结果进行汇总，得到最终计算结果。

比如，现在网络上项目管理方面的论文有很多，如果想知道项目管理论文最火的关键词是什么，就可以利用 MapReduce 模型进行计算，然后分析出是不是成本、质量和进度等关键词是最火的项目管理词汇。

3．HBase

HBase 是 Hadoop 的数据库，与传统的行数据库相比，其最大特点是列数据库。在大数据时代，数据挖掘的特点是数据量大，主要面向几个特定的列进行复杂挖掘分析。而列数据库在这方面有着天然的优势，正好适应了大数据时代的数据挖掘特点。

8.1.3 微软云

微软云即 Microsoft Azure，是微软公司于 2009 年推出的云平台。微软云可以为客户提供三种服务模式：公有云、私有云和合作云。公有云就是微软独立运营的云平台，可以为客户提供应用开发、文件存储和硬件租赁等业务；私有云就是客户购买微软的云平台，自己搭建私有云系统，微软提供相应的技术支持；合作云就是微软提供云平台，合作伙伴在微软云上搭建 SaaS 层应用系统，双方合作对外提供服务。下面从微软云的四大部分分别加以介绍。

1. Azure

其核心功能是计算功能和存储功能。云平台对外提供计算能力，支持大型应用程序的运行。其计算功能的实现主要是通过 Web Role 和 Worker Role 来实现的。Web Role 主要是处理网页上的请求，Worker Role 主要是在后台处理从 Web Role 传过来的信息，它们之间是通过 Queue 来传递的。

存储功能依靠三种存储模式：Blobs、Tables 和 Queues。其中 Blobs 主要存储二进制数据，比如音频视频图像等非结构化数据。Tables 主要存储结构化数据。Queues 主要存储消息队列，用于 Worker Role 和 Web Role 之间的通信，存储它们之间的交互数据。

2. Azure AppFabric

Azure AppFabric 为 Azure 云生态环境提供一个管理和基础支持的架构，具体包括三个组件。

- 服务总线：服务总线主要是连接和注册功能。可以连接 Azure 云应用和 SQL Azure 云数据库，各种服务请求在服务总线上进行注册后，终端可以使用。
- 访问控制：给各个访问以不同的身份，进行权限管理和访问控制。
- 高速缓存：提供分布式缓存，当访问需要的本地缓存不足以完成当前工作的时候，高速缓存库会自动连接其他的共享高速缓存。

3. SQL Azure

SQL Azure 是微软的云中关系型数据库，和其他云产品一样，可以对客户提供云服务。类似于微软数据库产品 SQL Server，但是也有所不同。比如 DBA 对 SQL Server 的管理偏向于物理管理，可以对具体的权限、字段和内容都可以进行十分精确的管理。而 DBA 对 SQL Azure 则偏向于逻辑管理，DBA 也许并不知道该数据库具体的物理位置在哪里，但是需要对负载均衡和故障转移等内容进行管理。SQL Azure 提供的核心服务有三点：

- 提供云数据库的存储和操作服务，只需付费就可使用；
- 提供 SSRS 报表服务；
- 提供 SQL Azure 与本地 SQL Server 同步服务。

4．Azure MarketPlace

Azure MarketPlace 主要是微软公司通过云平台出售数据和应用的商店。通过 DataMarket，用户可以在上面买到需要的数据；通过 AppMarket，用户可以在上面购买相应的应用，开发人员也可以将自己开发的应用展示给潜在用户。

另外还想介绍一下微软公司 Bing 的幕后分析技术——Cosmos。Cosmos 是微软公司现在最先进的存储和分析大数据集的技术。其设计目标有以下 5 点：

- 可用性。Cosmos 是弹性的，即使个别服务器宕机了，也不影响 Cosmos 的输出。
- 可靠性。在 Cosmos 设计之初，就考虑到了避免硬件故障影响系统运行。
- 可扩展性。Cosmos 可以的存储和计算均可以处理 PB 级别的数据，可以通过增加集群的服务器进行扩展。
- 执行性。Cosmos 运行在由成千上万台服务器组成的集群上，数据被切分交由这些服务器进行运算。
- 费用。Cosmos 与同类型产品相比，价格更低。

Cosmos 由三部分构成：Cosmos 存储、Cosmos 运行环境和 Scope。其中 Cosmos 存储是分布式的文件存储系统，主要存储大型文件。Cosmos 运行环境主要是配置、调试和运行分布式应用。Scope 则是一种酷似 C#的脚本语言。

8.1.4 亚马逊云

亚马逊公司虽然是电商公司,但是业务领域除了电商领域之外,也对外提供云服务。亚马逊公司很早就进入了云计算领域,且一直处于领先位置,其云服务名称为 Amazon Web Service(AWS)。具体内容包含 Key-Value 模式存储架构 Dynamo、弹性计算云 EC2、简单存储服务 S3 和简单数据库服务 SimpleDB 等。

1. Dynamo

Dynamo 是亚马逊公司的键-值(Key-Value)模式基础存储架构。其特点是 Key-Value 存储、分布式的、去中心化的。Key-Value 存储特点与亚马逊公司的业务特点紧密相关,顾客大部分需求只是读取和写入,而简单 Key-Value 存储即可满足顾客需求。由于还具有分布式和去中心化的特点,所以 Dynamo 可用性和扩展性也都非常好。

2. EC2

EC2 为用户提供虚拟机服务,用户在虚拟机上可以运行自己的应用程序,并可以随时开启或关闭虚拟机服务。根据工作量的大小,EC2 会告知用户相应的费用。

3. S3

S3 是亚马逊公司推出的简单存储服务,用户可以进行文件在线存储,可以理解成文件存储在一块大磁盘里,当然用户需要支付租金和网络流量费用。

4. SimpleDB

SimpleDB 是一款处理大型和非结构化数据的数据库,也是亚马逊公司推出的简单数据库服务,便于开发人员使用。

8.2 神奇的大数据

大数据作为当今社会最先进的信息化技术之一,已经深刻的影响和改变着当今人类社会。作为售前人员,需要对大数据技术加以了解并掌握其技术内涵以及实际应用等内容。本节详细阐述大数据是什么,内部机理是什么,如何应用大数据以及大数据发展趋势是什么,为初级售前理解和表达大数据打下一个初步的基础。下面分别加以介绍。

8.2.1 什么是大数据

大数据一般是指数据量很大(到达 PB、EB 及以上级别),需要用分布式分析技术来进行运算的技术。通过大数据分析,可以从海量数据中挖掘到有价值的信息。

注意:数量级从小到大分别为 KB、MB、GB、TB、PB、EB、ZB、YB、NB 和 DB。

8.2.2 大数据的四个特点

大数据的四个特点分别为数据容量大、数据种类多、处理时间短和价值密度低。下面分别加以介绍。

1. 数据容量大

当前人类所创造的数据已经达到 PB 级,说过的话已经达到 EB 级,到 2020 年,预计数据将达到 ZB 级。所以大数据的容量一般指 PB 级以上,数据量太小不需要使用大数据分析技术,用 BI 技术即可分析。

2. 数据种类多

大数据包含的数据种类既包括结构化数据也包括非结构化数据。所谓结构化数据即传统数据库（如 Oracle10g）能够存储的数据；而非结构化数据即音频、视频和图片等传统数据库不易存储和处理的数据。

3．处理时间短

利用现在先进的大数据处理技术，几秒钟的时间内就可以处理 PB 级别的数据，处理速度相当快。

4．价值密度低

待处理的数据中，存在价值的数据密度低。比如对大数据分析挖掘了 1 个小时，但是分析有价值的数据就几秒钟。

8.2.3 大数据的发展史

大数据在全球的发展可以用"积累深厚、发展迅速"来形容。从 2010 年被提出，到 2013 年被称为"大数据元年"，在全球政界、商界和学界均产生了积极而重大的影响。可以这么说，如果在当今世界，不知大数据为何物，就意味着已经落后了。所以本小节从时间维度、世界维度和中国维度三个维度来解析大数据的发展史。下面分别加以介绍。

1．从时间维度来看

虽然西方科技界对数据的研究由来已久，但是直到 2010 年，"大数据"这个名词才被提出。最早预测大数据时代即将来临的是著名的美国咨询公司——麦肯锡公司。麦肯锡称："数据已经渗透到当今每一个行业和业务职能领域，成为重要的生产因素。人们对于海量数据的挖掘和运用，预示着新一波生产率增长和消费者盈余浪潮的到来。"随后，大数据迅速风靡全球，不仅在各国科技界得到追捧，在企业界也得到大量应用。各国纷纷从政府层面制定大数据战略，追赶科技新前沿，保持在全球的科技以及经济的优势地位。

2. 从世界维度来看

美国政府为了进一步维持在世界的优势地位，持续发展军事、科研和教育等领域的实力，已将大数据战略上升到国家层面。2012年3月，美国奥巴马政府宣布"大数据研究和发展计划"。承诺投资2亿美元，推进美国的大数据事业的发展。该计划涵盖美国的各大政府部门，包括国防部、能源部和地质勘探局等。

日本政府为了提振持续低迷的经济，在大数据领域也不甘落后。2013年6月，日本安倍内阁正式公布了新IT战略——"创建最尖端IT国家宣言"。全面阐述了2013～2020年期间以发展开放公共数据和大数据为核心的日本新IT国家战略，提出建设"世界最高水准的广泛运用信息产业技术的社会"。

英国政府也在开展"数据权"运动。2010年1月，英国政府正式上线数据开放网站（Data.gov.dk），数据开放成为英国新政府的一个前进方向，同年5月，卡梅伦政府又提出了"数据权"的概念，并向全社会开放了英国政府2005年以来公共开支的全部原始数据。

法国政府也在"投资未来计划"的框架下，计划投资1150万欧元来投资大数据相关的IT项目和企业。还计划投资兴建大数据孵化器，以促进大数据行业的持续发展。

3. 从中国维度来看

从我国政府层面来看，对大数据行业也是非常支持。2008年制定了《政府信息公开条例》，从法律层面规定了政府信息公开事宜，为政府的大数据分析奠定了基础。大数据为我国当前的经济转型也提供了一个新的思路，即利用大数据等新技术拉动我国经济高速发展，转变经济增长方式从粗放型向集约型转变。而且在我国各大城市也布局了大数据产业。

从我国城市层面来看，各大城市纷纷支持大数据产业的发展，为大数据的发展提供了政策支持和平台服务。比如在上海，发布了《上海推进大数据研究与发展三年行动计划（2013～2015年）》。通过该计划，在上海市政府层面进行了大数据行业的顶层设计，研究了如何使得大数据服务于智慧上海。在北京，2014年10月打造了"首都科技大数据平台"，通过该平台，整合了各政府部门，科研院所等各单位的数据，通过大数据分析技术，服务于北京市政和科技的发展。在广州，2014年提出筹备成立

"大数据局"。通过该局，统筹大数据领域的数据公开、数据分析、数据运用和数据安全等相关事宜，进一步为广州市的发展贡献力量。

从科研层面来看，中科院建议国家加强大数据行业布局，发布了《科技发展新态势与面向 2020 年的战略选择》。在该报告中，提出大数据将成为新的科研范式，将引起科研组织形式的重大变革，导致科研和应用更紧密的结合。2013 年 9 月 6 日由上海市科委批准筹建。复旦大学成立了上海市数据科学重点实验室。该实验室是数据科学领域首个政府支持的重点实验室。2012 年 9 月，大数据科学与工程研究中心在北京航空航天大学成立。北航软件学院也成立了大数据专业，为大数据行业培养专门人才。

8.2.4 大数据产品架构

大数据当前主流产品是 Hadoop 的 MapReduce，其他先进产品包括 MS Cosmos 和 Apache Drill，Drill 是谷歌的 Dremel 的开源实现。Hadoop MapReduce 架构图如图 8-3 所示。

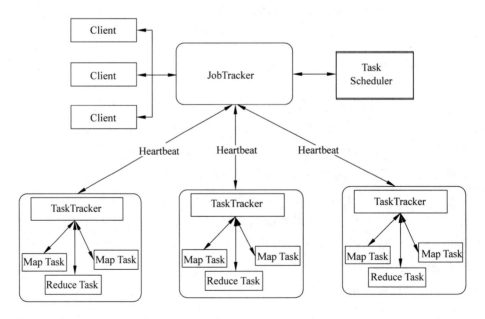

图 8-3 MapReduce 架构图

图 8-3 解释：JobTracker 接收到计算任务以后，把任务分配给各个 TaskTracker 计算节点进行计算，每个 TaskTracker 把任务分为 Map 和 Reduce 两个步骤进行计算，最后将计算结果返回给 JobTracker。JobTracker 和 TaskTracker 之间通过心跳线联系。

微软 Cosmos 架构分为三层：输入层、执行层和存储层。在输入层，Scope 代码被提交给 Scope 编译器执行。在执行层，计算任务交由各进程节点进行计算。在存储层，许多数据被复制压缩到数据节点上，数据被合并生成非结构数据流，CSM（Cosmos 存储管理）处理各种数据，如图 8-4 所示。

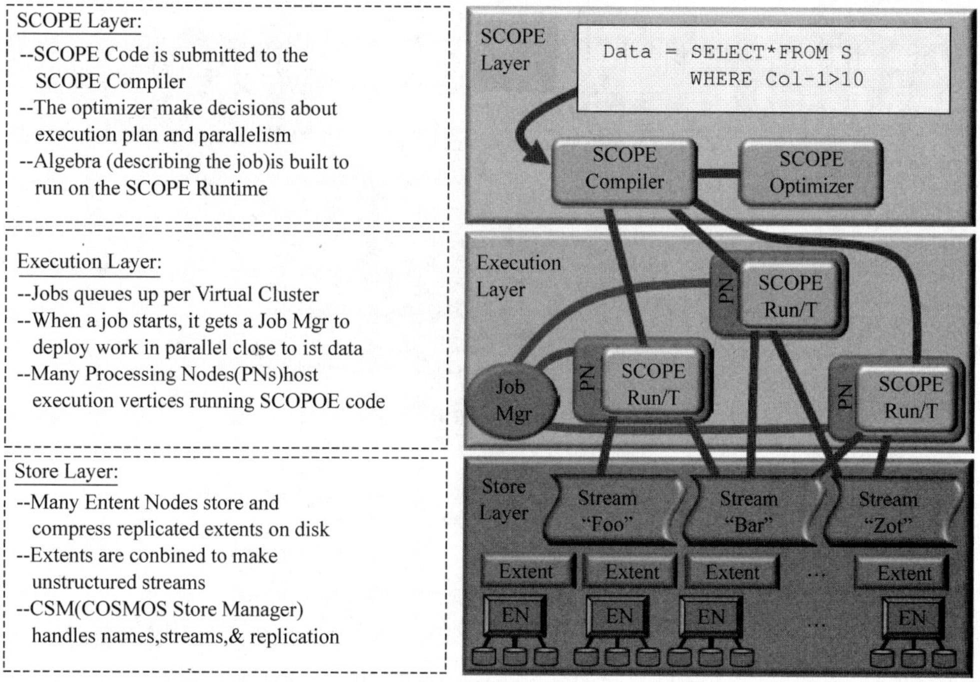

图 8-4　MS Cosmos 架构图

Apache Drill 架构从上到下分析，客户端提交 SQL 查询后，首先有一个 SQL Query Parser 来解析，或者 DrQL Parser 来解析。然后再由逻辑执行计划、查询计划、物理执行计划和最终任务交给执行引擎来完成。当然这两者还有一个 Metadata repo 来存储对应的统计和概要信息，如图 8-5 所示。

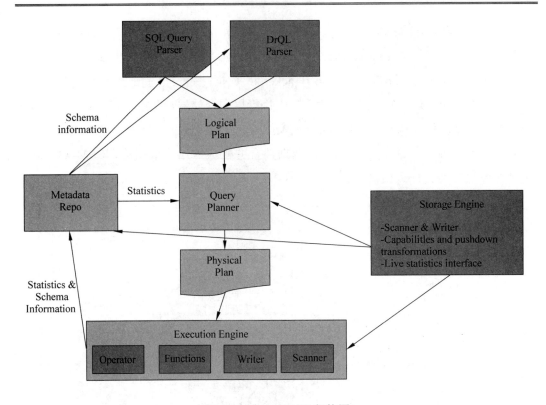

图 8-5 Apache Drill 架构图

8.2.5 大数据应用场景

在许多行业（如医疗、电力、金融和政府等），在面对海量的数据洪流时，往往会感觉到束手无策，而这种场景正是大数据的用武之地。通过大数据智能分析，可以自动揭示出海量数据中隐藏的价值信息，为行业发展提供前进动力，从而驯服这头"海量数据巨兽"。

1. 医疗大数据

现在我国医疗行业正在建立"3521"工程，将会积累大量的数据，为大数据应用的开展打下了坚实的基础。下面就治疗、科研和定价等领域进行应用场景分析。

（1）个性化治疗。系统通过收集患者的各方面信息，包括历年电子病例、各项健康指标等数据。通过大数据分析，系统可以给出个性化的医疗建议，给出了最有可能的疾病及治愈处方。医生结合自己的经验加以判断和把握。

（2）差异化科研。医生根据科研的需要，需要对不同的患者使用不同的治疗方案，然后统计分析数据，得出最优治疗方案。在这个统计分析的场景中，大数据也可以起到很大的作用。通过大数据分析，系统将自动给出最优治疗方案和后续工作建议等。

（3）自动化定价。很多药品的定价不容易，定高定低都不好。利用大数据技术进行建模，考虑药品的研发营销工作量、市场需求量和竞争对手情况，国家政策指导等因素，自动给出药品的最佳定价，为药品定价提供有价值的参考。

2．电力大数据

电力大数据在基建部门、营销部门和调度部门等许多部门都可以得到应用，下面介绍电力行业内应用大数据的几个可能的场景。

（1）基建选址分析。在电力基建领域，比如风力发电的选址就可以和气象部门合作，获取气象数据。然后和基建数据相结合，通过云平台利用大数据分析技术来进行基建选址。这样的选址结果安全可靠，性价比高。

（2）客户行为分析。客户用电是存在规律的，而利用大数据技术就是要把客户用电的规律给找出来，然后在进行输配电的时候，有针对性的加以调整，可以避免电能浪费的情况发生。

（3）加强部门协同。从发电、输电、变电、配电、用电和调度各个环节来看，各个环节之间的协同并不是特别顺畅。所以利用大数据技术，可以构建顶层模型，协调各个电力环节之间的交互，对于协同不及时或不到位的地方，系统都会自动提醒。

（4）提供客户服务。可以根据客户的用电特点，专门为客户提供增值服务，即客户用电习惯分析。通过该分析，可以让客户了解自己的用电习惯，更理性的消费。

（5）提供经济参考。提供一个城市或一个区域的用电趋势分析和习惯分析，指导该城市或区域更理性的使用电力，有利于国家经济平稳和可持续发展。

3. 金融大数据

金融行业一直是信息技术特别青睐的领域，也是信息技术应用水平很高的领域。大数据与金融行业的亲密接触，将会对金融行业各个方面产生重要而深远的影响。下面就几个可能发生的场景加以分析：

（1）客户行为分析。通过对持有银行卡的客户消费行为的掌握，可以对客户进行聚类分析。通过大数据分析这一类客户的消费习惯，对于各类客户的个性化需求，采取有针对性的营销措施。

（2）金融稽查管理。金融稽查部门可以利用大数据技术进行金融稽查服务，通过构建稽查模型，系统会自动对各个可疑账户和可疑交易行为进行预警和报警，为金融稽查工作提供数据支持。

（3）金融信用分析。信用在金融行业是十分重要的，是借贷的重要依据。而通过大数据技术，可以分析借贷人的账务来往情况以及在社交媒体上的言论等，可以为金融借贷提供更加精准的参考信息。

4. 政府大数据

政府拥有的数据较多，如果能合理开发利用，将是一笔巨大的财富。下面就政府可能应用大数据的领域加以分析：

（1）辅助政府决策。当代政府的许多重大决策都可以将相关政策和数据利用大数据技术进行运算，从而得出最优解，辅助政府决策。例如，我国的人口政策从"双方都是独生子才能生二胎"到"一方是独生子即可生二胎"，就是利用了大数据技术对国家生育政策和相关数据进行运算的结果。

（2）辅助政党选举。在国际社会，一些国家在选举中利用大数据技术分析选民的构成、捐款的习惯和捐款的数额等信息，得出选民的捐款习惯，然后有意识的向相关方向努力，从而赢得选举。所以大数据技术在政党选举中也可以起到一定的作用。

8.2.6 大数据发展趋势

大数据作为一种技术，现在正由出生期向兴盛期发展。无论从技术本身，还是应用深度及广度都在以飞快的速度发展着，深刻的影响着人类社会。下面从大数据发展的四个方面逐个加以分析，试图揭示出未来的发展趋势。

1. 数据越来越成为一种资源

随着大数据技术和应用的不断发展，各国政府和企业也越来越把数据作为一种资源看待了，因为海量数据中蕴藏着知识和能力，只有挖掘出来，才能为社会创造价值。

2. 大数据应用越来越广泛

从政府到各个行业再到老百姓的衣食住行，大数据应用不知不觉中已经和我们的生活逐渐融为一体。通过大数据可以分析各类人群的生活习惯、消费习惯、阅读习惯和政治信仰等方方面面的各类信息，自动找出共性，提出有针对性的方案。各种大数据应用为工作生活增添了新的色彩。

3. 智能手机成为越来越重要的信息源

目前，智能手机是每人每天必备的生活用品，智能手机了解我们的一切，包括爱好、口味、习惯和思想等等。通过智能手机，我们的大量信息被传到各个网站或系统中进行存储和分析。

4. 大数据技术发展越来越先进

现在大数据技术的发展也是一日千里，当前的主流技术是 MapReduce。但是谷歌已经发展出了 Dremel，微软已经发展出了 Cosmos，Hadoop 也开发出了 Drill，这些新技术比 MapReduce 的运算速度何止快百倍！所以科技的发展在以我们意想不到的速度飞速发展。

8.3 无所不在的物联网

物联网的原意是"The Internet of things",即物物相连的网络,其核心仍然是互联网,只不过拓展到了物体之上。对于售前而言,需要掌握物联网的特点、架构、各种应用场景以及未来发展存在的问题及对策等。下面就这些内容一一加以说明。

8.3.1 物联网与传感网的区别

笔者所理解的物联网包括三层:感知层、传输层和处理层。其中感知层主要是由各种感知设备构成,包括传感器和 RFID 标签等。感知层的主要功能是获取各种信息。传输层的功能主要是将各种信息和数据通过网络传给处理层。交由处理层对数据进行处理,再通过人机交互的形式进行展示。传感网也就是物联网中的感知层。所以物联网和传感网的区别就是整体和局部的关系。

8.3.2 IPv6 与物联网

IPv6 是计划替代现行的 IPv4 的下一代 IP 协议。IPv4 拥有 32 位地址长度,而 IPv6 则拥有 128 位地址长度,其地址个数几乎是无限的。随着物联网的发展,需要物物相连的地方越来越多,所需要的 IP 地址会越来越多,而 IPv6 则正好顺应了物联网的发展。

8.3.3 物联网的技术架构

物联网技术架构一般分为三层:感知层、网络层和应用层。感知层主要是采集数据,经过网络层的传输,交给应用层处理和展示数据,如图 8-6 所示。

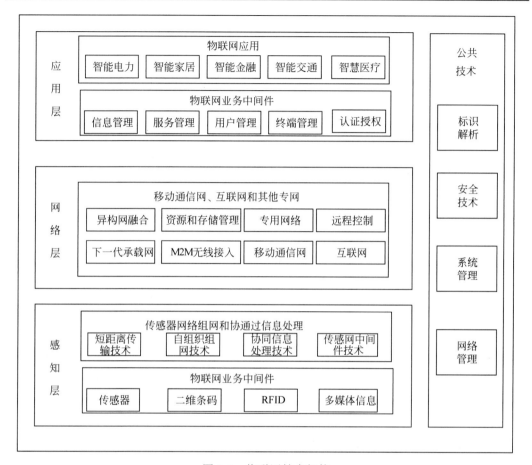

图 8-6 物联网技术架构

8.3.4 物联网的应用场景

物联网在许多行业中都可以得到广泛应用，如交通、医疗和家居等等。在这些行业中都是把物联网做为基础性设施加以使用，从而实现智能感知、智能分析和远程控制等目标。对行业的健康稳定发展起到了极大的推动作用。

1. 物联网在交通行业中的应用

（1）交通执法管理。通过物联网在交通行业的应用，可以通过摄像头，各种传感器来获取交通和车辆信息,如果发现违法行为,可以自动报警并给出相应的执法措施。

(2)交通规划支撑。由于通过物联网可以获取大量交通数据,在交通规划的时候,就可以使用这些交通数据来进行交通规划设计了,使得设计与实际结合更加紧密。

(3)出行信息发布。在一些大型城市,交通拥堵是日常生活的一部分。如何快速的到达目的地,可以利用物联网技术来收集信息,通过信息发布来使市民出行规避拥堵,迅速抵达目的地。

(4)突发事件处理。对于交通的突发事件处理,如货物掉落、自然灾害和交通事故等,物联网可以精准定位并为后续处理事故提供一手数据,有利于准确及时的处理突发事件。

2. 物联网在医疗行业中的应用

物联网在医疗行业中的应用通常为各种生理采集器。通过生理采集器,可以获取患者的各项生理指标数据,通过移动端传输给社区医院或大型医院。如果发现异常,系统会自动报警,并提醒医生给出治疗方案。这种治疗体系对于老年人监护和慢病治疗能起到比较好的效果。

3. 物联网在智能家居中的应用

(1)智能安防系统。在家周围安装摄像头和各种传感器,对于发生的安全事件经过计算和评估之后,自动决定是否进行报警。该系统具有及时准确的特点,能够完成对家庭的安全防护。

(2)智能照明系统。通过光传感器,室内的照明系统自动会随着室外的光线强弱自动变化,无需人工干预,完全实现智能化。

(3)智能温控系统。通过温度传感器,室内温度会自动调节至最适宜人体的温度,与智能照明系统类似,无需人工干预,完全实现智能化。

(4)智能冰箱系统。智能冰箱支持通过智能终端远程操控冰箱,如调节温度、打开或关闭冰箱等功能。

8.3.5 物联网的信息安全

信息安全一直都是信息领域的重要议题，但是物联网的信息安全则呈现出一些新的特点。其中最大的区别还是传感层容易遭受外来攻击。但是由于成本限制的原因，也无法执行有效的安全措施，造成了物联网信息安全的极大隐患。下面从物联网信息安全当前面临的主要问题及对策两个方面分别加以说明。

1．物联网信息安全问题

在物联网的感知层，主要是使用 RFID 标签作为感知设备，而 RFID 标签在感知过程中有三个特点：
- 长期处于无人值守的状态；
- RFID 标签与后端系统之间的通信是非接触式的；
- RFID 标签成本低廉，无法对自身进行有效的安全防护。

基于以上 3 个特点，RFID 标签极易遭受攻击者的入侵。

2．物联网信息安全对策

可以采取的安全对策包括数据加密和节点认证。通过数据加密，可以提高安全防护力度，但是从技术角度来看，实现的难度较大；通过节点认证，数据接收方可以确认数据发送方的真实身份，以及数据在传递过程中是否遭到篡改，所以感知层的节点认证十分重要。

8.4 飞速发展的移动信息化

移动信息化是指利用智能手机和平板电脑等移动设备，通过互联网等通信网络，能够随时随地使用各种移动应用,实现在任何时间和任何地点处理任何事务的目的。对于初级售前而言,需要了解移动信息化的发展历史、应用场景和发展趋势,掌握技术架构及信息安全相关技术,下面分别加以介绍。

8.4.1 移动信息化时代来临

2007年之前,移动信息化市场一直发展缓慢。但是在2007年iPhone和谷歌Android等智能手机的推出,可以说是一场移动终端领域的革命。智能手机采取触摸式的新技术,给了用户不一样的新鲜体验。而且外观漂亮,功能强大,迅速在全球刮起了一股智能手机的风潮。

2008年iPhone又推出了App Store,向用户提供各种应用的下载服务。使得智能手机可以使用各种各样的移动应用,极大的丰富了手机的功能和使用范围,将智能手机和互联网完美的结合在一起,开创了移动信息化新时代。

在移动信息化时代,智能手机不仅仅是打电话和发短信的简单功能了。还可以利用智能手机上的各种移动应用以及与互联网的连接,来完成工作或进行娱乐。可以说,在移动信息化时代,智能手机和平板电脑等移动设备已经成为人们日常生活工作的一部分,人们已经离不开这些移动设备,移动信息化时代已然来临。

8.4.2 移动信息化应用场景

移动信息化在各行各业都可以得到广泛的应用,大致可以分为工作App应用和娱乐App应用。工作App使用最广泛的当属移动OA,通过移动OA可以实现随时随地的办公,再也不用担心重要签字的时候找不到领导了。因为通过移动OA,领导可以第一时间在智能终端上收到需要签字的请求,并可以在移动终端上完成签字并发送给请求者,有效地提高了工作效率。娱乐App包含各种各样的游戏App,比较著名的包括愤怒的小鸟和神庙逃亡等。该类游戏在移动终端上运行流畅,用户体验好,赢得了广大用户的青睐。

还有一些新的应用将工作和娱乐结合起来，比如培训 App。传统培训通常是老师讲、学员听。但是新的培训加入移动信息化的元素，可以在移动终端上下载培训 App，寓教于乐，将老师"要我学"，变成"我要学"，提高了培训的趣味性，增强了培训效果。

8.4.3 移动信息化技术架构

整体架构分为三层，分别是基础支撑层、移动中间件平台层和移动业务应用层。下面一层为其上面一层提供支持。保障体系为整体架构提供技术上和管理上的保障。以下分别加以描述。

基础支撑层在最低层，主要提供一些基础服务，如业务网络、软硬件环境和机房等，基础支撑层的支持力度（如网速和服务器速度等）直接决定着上面几层的应用效果。

移动中间件平台层处于底层基础环境和上层移动应用之间，支持移动管理功能、业务集成功能、开发引擎功能、业务经营分析、业务运维支持和移动应用商店等功能。只有打造一个功能强大、灵活高效的平台才能为上层的移动应用提供有力的支撑。

最上层的移动业务应用层包括企业各业务领域的移动应用，包括人资移动应用、财务移动应用、资产移动应用、营销移动应用、协同办公移动应用和综合管理移动应用。这些移动应用构成整个企业的移动应用体系。

保障体系包括标准规范、安全防护、技术研究和人才队伍等。保障体系是企业移动信息化工作开展的前提，任何一项移动信息化工作的开展都离不开保障体系强有效的支持。只有夯实保障体系，移动信息化工作才能顺利展开，图 8-7 为移动信息化技术架构图。

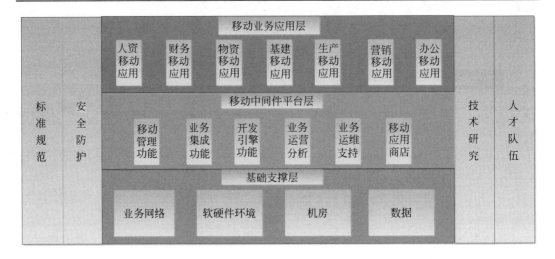

图 8-7 移动信息化技术架构图

8.4.4 移动信息化安全体系

移动信息化安全体系主要包括保障层面和技术层面。从保障层面上看，主要是从管理制度和标准规范两个方面着手。在管理制度上，针对移动信息化建设的各个阶段，在原有信息化管控体制基础上，有针对性的考虑并逐步完善移动信息化管理，确保移动信息化在企业内部顺利建设与实施。在标准规范上，编制完善的移动信息化规划、建设、运维及评估类相关标准规范，明确移动信息化相关建设的流程和要求，确保移动信息化建设在统一的标准体系下建设。

从技术层面上看，主要从移动应用开发平台安全和移动终端安全两个方面着手。在移动应用开发平台上，能够为应用的开发、集成、发布、管理和运维等移动信息化生命周期中提供一站式全生命周期安全服务，能够从平台层面对移动信息化各个环节进行全方位管理。在移动终端上，能够从移动终端硬件、操作系统和终端应用各个层级提供安全服务，是移动终端能够抗物理攻击、保护终端操作系统安全以及对终端的应用进行安全性检查，图 8-8 为移动信息化安全体系图。

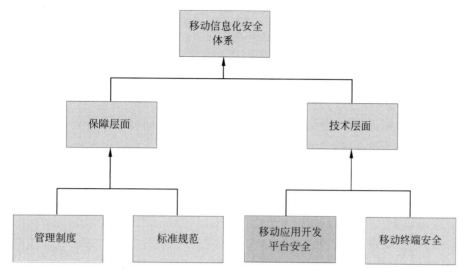

图 8-8 移动信息化安全体系图

8.4.5 移动信息化发展趋势

笔者认为移动信息化发展趋势有以下四个方向，分别加以说明。

1. 移动智能终端的普及率越来越高

随着移动智能终端功能更多、性能更强、交互性更好及价格更加平民化。移动终端已经走进了千家万户，成为人们生活工作的一部分，受到人们的喜爱。据统计，中国城市智能手机普及率已达 47%。这个数字与前几年相比，增加了很多。所以随着移动安全体系的持续完善，用户体验更好的应用问世，移动终端的普及率将会越来越高。

2. 移动信息化行业定制化趋势越来越明显

移动终端由于价格低廉、功能强大及使用灵活，许多行业和企业都把移动终端作为办公的一部分。而且根据各个行业的各自特点，已经有不少软件公司有针对性的定制开发了一系列行业应用，由于这些应用与行业业务结合紧密，深受各行业用户欢迎。

3. 移动信息化与市场交易结合越来越紧密

使用移动终端进行市场交易非常便捷,而且已经衍生出一条生态链。比如各大银行支持网银支付、终端厂商提供移动智能终端、软件厂商提供移动应用和政府部门提供政策管理等,移动信息化已经把人们从实体店交易引向移动网络交易,正在深刻的改变着当今社会的商业模式和商业规则。技术正在改变世界,世界也因为技术的进步变得更加美好。

4. 移动信息化与其他新技术结合越来越紧密

除了移动信息化以外,当下流行的新技术还包括大数据和云计算等。这几种技术相互配合,取长补短,共同发挥巨大威力。而移动信息化在新技术生态体系中,起到了"数据采集"的作用。因为移动终端与每个人形影不离,存储了大量的个人信息,通过移动终端采集的各项数据,可以经过云平台,进行大数据分析,从而获取个人喜好信息。通过这些信息,可以进行有针对性的各项推介活动,除了满足个性化需求之外,还可以拉动经济增长,促进社会和谐发展。

第 2 部分　IT 售前实战（三大类案例）

- ▶▶ 第 9 章　IT 售前实战：产品型售前项目案例
- ▶▶ 第 10 章　IT 售前实战：方案型售前项目案例
- ▶▶ 第 11 章　IT 售前实战：咨询型售前项目案例

第 9 章　IT 售前实战：产品型售前项目案例

产品型售前主要从事公司已有软件产品的投标、宣传和推广等工作。本章分为 4 个步骤进行讲解：
（1）产品特点分析；
（2）客户前期交流；
（3）编写产品方案；
（4）进行产品演示。

这 4 个步骤通常也是产品型售前的工作顺序，先了解产品，再和客户交流，然后编写产品方案，最后给客户演示产品。下面以无纸化会议系统为例来说明产品型售前应该如何工作。

9.1　第一步：产品特点分析

本系统是一款市场占有率很高的产品，使得大型国企的会议管理变得简便，具有环保节能、全流程覆盖、安全可靠、兼容性强和操作简便等特点，针对具体特点下面分别加以介绍。

1．环保节能

以前传统会议开会的时候，使用大量纸张，费时费力，效果不佳。而本系统采用信息化手段来解决会议业务问题，节省了大量纸张，起到了节能环保的作用。

2. 全流程覆盖

本系统覆盖拟定会议、会前准备、会议召开和会议结束全流程，针对各个流程点的各项目需求，都有相应的会议功能来实现，极大方便了会议的召开者和参会者。

3. 安全可靠

本系统对安全有严格的要求，主要是从网络层、应用层和操作层三级安全层面加以考虑，所以本系统安全性高。

4. 兼容性强

本系统能够兼容各种格式，包括微软的 Office、金山的 WPS 等，而且与 ERP 和 OA 等系统能够实现无缝对接、数据共享。

5. 操作简便

由于本系统的客户端都是使用 PAD，大部分操作都是通过触摸屏来实现，所以操作起来十分便捷。

9.2 第二步：客户前期交流

在与客户的前期交流中，如果合理使用 SPIN 方法来与客户交流，将事半功倍，使得最后达成交易的成功率大幅增加。下面从 SPIN 的含义、如何运用 SPIN 及运用 SPIN 后的效果三方面来进行阐述。

9.2.1 SPIN 是什么

SPIN 是美国尼尔·雷克汉姆（Neil Rackham）先生创立的，他通过跟踪调研众多销售高手与客户的交谈，总结归纳出 SPIN 方法。

许多售前在与客户交谈的时候，总是喜欢一开始就介绍公司产品的优势和特点，其实这种习惯并不符合 SPIN。SPIN 包含四个步骤：

- 背景问题；
- 难点问题；
- 隐含问题需求；
- 效益问题。

这四个步骤可能看起来让人费解，但是举个例子，很快就会明白了。

笔者以前听说过这么一个例子来比喻 SPIN，觉得很形象。第一步：触摸皮肤；第二步：寻找伤口；第三步：在伤口上撒点盐；第四步：提出止疼办法。其实这个"伤口上撒盐"的比喻很形象地概括了前面提到的 SPIN 四个步骤问题。因为只有在人们感觉痛苦之后再给他幸福，他才会感觉到是真正的幸福。

最后只有当客户已经确认了当前所碰到的问题以及对自己的严重影响之后，售前人员再抛出自己公司有针对性的解决客户面临问题的产品，才能真正打动客户，也就是才能让客户感觉到幸福。

其流程图如图 9-1 所示。

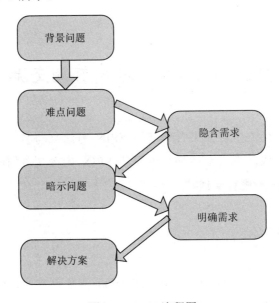

图 9-1　SPIN 流程图

9.2.2 如何运用 SPIN

下面就以无纸化会议系统的推销过程为例,谈谈售前人员应该如何在客户那里使用 SPIN 方法,用无纸化会议系统打动客户。客户在此假定为某大型国有企业的信息化张主任,售前假定为某 IT 公司的高级售前顾问小刘。

售前:张主任,您好!我是 IT 公司的高级售前顾问小刘。

客户:刘经理,您好!

售前:张主任,你们这儿现在开会规模如何?一般怎么开?【S,背景问题】

客户:我们这儿开会有时候规模还挺大的,重要的会议一般都是几十人,因为是大型国企嘛。开会方式的话,还是用比较传统的方式,一般就是每个人发一份文字材料,放个投影仪,讲 PPT。

售前:那您觉得这种会议方式有没有什么弊病或者不方便的地方呢?【P,难点问题】

客户:不方便的地方肯定有啊。毕竟会议参会人数多,每次打印会议资料就要打印很久,纸张用的多不说,有时候还容易出错。所以每次开会,准备材料都是一件很让人头疼的事情啊。

售前:是啊,会议准备材料容易出错,如果出现了几次错误,领导追问下来,对您的工作会产生影响吗?【I,暗示问题】

客户:影响很大啊,工作没做好肯定不行啊。

售前:现在这种会议方式,有没有发生一些安全事故?比如文件泄露或信息泄露什么的?因为据我了解,大型国企对信息安全还是挺重视的。【P,难点问题】

客户:你提的这个问题很重要啊,公司一向对信息安全非常重视,上次一个重要会议不知道是谁把相关文字材料泄露给其他单位的人了,影响很不好。

售前:发生信息泄露会对公司产生哪些严重影响呢?【I,暗示问题】

客户:大型国企的信息属于国家机密信息,泄露出去可就出事了,所以保密工作必须做到万无一失。

售前：现在我公司最新研发的无纸化会议系统既可以实现会议全过程无纸化管理，又可以有力的保障信息安全，您有兴趣了解一下吗？【N，解决方案】

客户：那太好了，说一下吧。

9.2.3 运用 SPIN 的效果

通过运用 SPIN，可以了解客户当前面临的难点问题，并可以有针对性的给出解决方案。所以对于一名优秀的售前来说，了解客户，利用自己公司的产品真正帮到客户，才是售前工作的王道。如果产品真的帮不到客户，仅仅靠所谓的"忽悠"，又怎么能成功呢？

9.3 第三步：编写产品方案

产品型方案的特点是可重用性强，因为产品的功能和各项特性是基本不变的，所以产品方案也基本不变。当然如果产品升级的话，产品方案也会有一些相应变化。下面以无纸化会议系统这个产品为例，来介绍下产品型方案的基本思路。

9.3.1 项目背景

当前许多企业的会议模式还是以传统会议模式为主，即需要进行会前准备、会议通知和会议资料准备等环节。这样一来，安全程度低、会议资料不易保管，容易泄露；另外会议过程缺少信息化支持，各项工作的开展费时费力，如统计投票、进行头脑风暴都缺乏相应的工具支撑。

国家目前提倡节约环保，而无纸化会议系统的实现将实现绿色会议及信息化会议。一方面响应国家号召，厉行节约；另一方面也可以提高会议效率，提升会议质量。从安全方面考虑，也支持企业对安全的要求，实现安全会议，防止泄密会议资料和相关文件。

本项目可以应用在企业各种会议之中,也可在其他单位进行推广使用。通过应用可以实现会议组织的时候,会议通知和会议资料实现自动下发,简化会议的组织过程;会议召开的时候,会议资料和会议签到自动化,实现会议基本信息和会议日程等信息的快速查阅,会议记录和会议录音同步进行;会议结束后,实现会后补充资料自动分发到参会人员,个人笔记及相关信息及时回传至个人资料夹中。

9.3.2 需求分析

无纸化会议系统提供会议服务、设备管理、用户管理、会议管理、会议室管理和文件管理等多种功能,为政府机关、企事业单位以及科研院所提供一个极为实用的会议平台。通过该平台可进行实时的会商和有效地信息沟通,改变了传统会议模式效率低、操作复杂、形式单一、资源浪费和保密隐患等问题,同时该系统操作简单易用、会议功能全面及绿色环保,符合不断发展的信息化建设要求,为各单位机构提供环保高效的无纸化办公平台。

召开会议的业务流程包括拟定会议、会前准备、会议召开和会议结束,如图 9-2 所示。

图 9-2 会议业务流程图

1. 拟定会议

根据公司和部门的需求拟定需要召开的会议,确定会议主题、会议时间和参会人员,由会议助理通知相关人员准备会议资料。

2. 会前准备

会议助理通过无纸化会议系统进行会议室预定,若有空闲会议室,则在系统中录入会议基本信息,包括:申请单位、会议名称、会议时间、参会人员、主持人和会议内容摘要等,同时需上传会议资料;若无空闲会议室,则需调整时间和地点,确定之后向各参会人员发出会议通知,如图9-3所示。

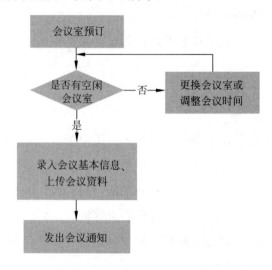

图9-3 会前准备业务流程图

会议助理可设置PAD终端相应的参会人员姓名,设置完成后可将全体参会人员的座次显示到大屏幕上,方便参会人员对号入座;同时设置摄像机预置位,使得在会议过程中,方便参会人员发言时,摄像机可以准确拍摄到发言人的视频画面。

3. 会议召开

参会人员进入会场后,根据大屏幕提示寻找对应座位,每个座位的PAD界面显示此座位的参会人员姓名,单击界面中的签到按键,即可自行签到,经会议助理确认后,系统会自动下发会议资料。此时参会人员正式进入此会议,可以查阅此会议授权的所有文档,并进行修改批注或截屏等操作,如图9-4所示。

会议助理主要负责开始会议、新建临时会议、会议签到管理、共享桌面、共享白板、录音、录屏、记录会议纪要和投票统计等操作。

第9章 IT售前实战：产品型售前项目案例

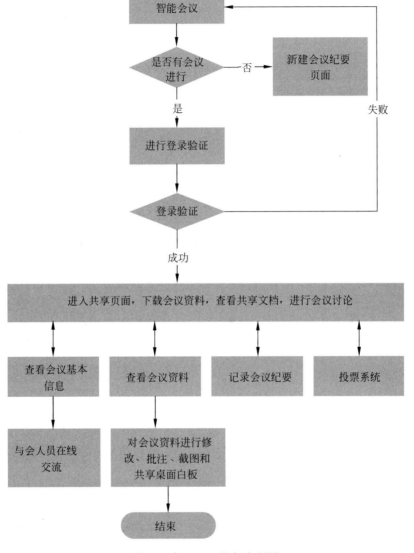

图 9-4 会议召开业务流程图

4．会议结束

会议助理确定会议结束，将会议资料、考勤签到和音视频录像等打包存档，并选择删除涉密的会议资料。

9.3.3 总体设计

1．设计原则

系统总体设计从节约用纸、经济环保及客户切身利益和期望出发，遵循先进、易用、灵活、可扩展及安全等原则，最大限度满足客户使用需求和保护客户投资。

（1）先进性

由于计算机、网络和通信等技术发展极为迅速，更新换代频繁，为保证系统具有较长的生命力，无纸化会议系统方案，不仅考虑现在的需要，而且要充分考虑未来业务发展的需要，使该系统能够在尽可能长的时期内保证应用的需要。

（2）易用性

无纸化会议系统的使用、管理和维护都充分考虑使用者的专业水平。设计了可视化的引导操作界面，友好、人性化及功能按键符合人们平常习惯，非常易于掌握和使用，用户实现沟通交流只需简单的操作。在系统维护和管理方面，支持网页自动下载、安装和升级客户端，无需专业人员即可完成系统的维护和管理。

（3）灵活性

无纸化会议系统提供专业的实时交互性能，全面满足不同级别客户的应用需求，用户不仅可以开展实时会议，还可以开展全方位的各种培训、各种讲座、研讨会，以及为用户的各类客户提供在线支持、培训、交流。

（4）可扩展性

在系统结合方面，该系统留有应用接口，可同其他标准系统或产品相结合，使系统的功能得到扩展和增强。

（5）安全性

本系统既考虑对资源的保护，更注意会议信息的保护和隔离，分别针对不同的应用和不同的网络通信环境，采取了不同的措施，包括系统安全机制、数据存取的权限控制和支持专用网等安全措施，能够保证系统的安全可靠。

2. 业务架构

本项目的业务架构主要是通过电子模式运作会议管理，减少纸张消耗、提高会议效率。它将传统会议过程中的各个环节虚拟化，主题信息和承载介质数字化，将多种信息化技术融入到会议的各个环节、贯穿会议全过程，将频繁召开的会议全都"搬上"信息化平台，使管理者在更短的时间内完成多于以往的任务。

其中无纸化会议系统的功能点包括原笔迹签到、桌面共享、白板共享、投票表决、无线投影和即时沟通等。平台级功能点包括设备管理、用户管理、会议管理、会议室管理、文件管理和人员管理等。其业务架构图如图9-5所示。

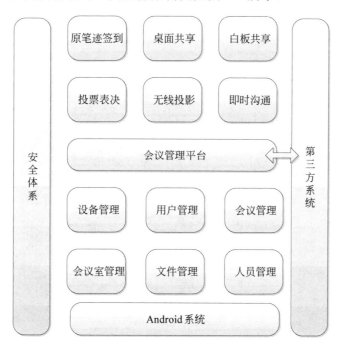

图 9-5 业务架构图

3. 安全架构

本项目的安全架构从会议系统物理安全、会议系统应用安全及会议系统操作安全三个层次加以设计。

（1）从会议系统物理安全层面来说企业内部自成一个网络系统和外网断开连接，保护内网资料的相对安全。除了在内网和外网之间进行隔离，在内网内部无纸化会议系统与其他系统还可以进行一定的隔离。

（2）从会议系统应用安全层面来说，登录身份验证这是一种最简单的安全保障方式。依靠对用户名和登录密码的设置，对那些不相关的人员进行隔离。无纸化会议系统后期会采用动态口令技术，对系统进行更详尽的保护。

（3）从会议系统操作安全层面来说，使用者使用的操作体的安全性，对无纸化会议系统的安全也存在着很大影响。因此，要使用正版的和稳定的操作系统。在使用过程中定时对系统进行病毒查杀和系统完善。

其安全架构图如图 9-6 所示。

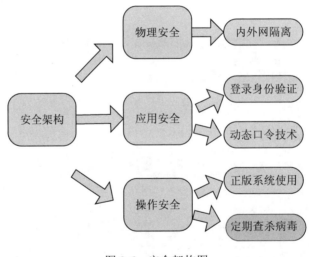

图 9-6 安全架构图

9.3.4 产品功能

无纸化会议系统通过电子模式运作会议管理，是减少纸张消耗及提高会议效率的一种全新的会议模式，它将传统会议过程中的各个环节虚拟化，主题信息和承载介质数字化，将多种信息化技术融入到会议的各个环节、贯穿会议全过程，将频繁召开的会议全都"搬上"信息化平台，使管理者在更短的时间内完成多于以往的任务。

无纸化会议系统提供会议服务、设备管理、用户管理、会议管理、会议室管理和文件管理、安全管理等多种功能，为政府机关、企事业单位以及科研院所提供一个极为实用的会议平台。通过该平台可进行实时的会商和有效地信息沟通，改变了传统会议模式效率低、操作复杂、形式单一、资源浪费和保密隐患等问题，同时该系统操作简单易用、会议功能全面、绿色环保，符合不断发展的信息化建设要求，为各单位机构提供环保高效的无纸化办公平台。本小节将重点介绍无纸化会议系统的高级服务功能。

1. 原笔迹签到

支持手写和触摸操作；方便各个年龄段的客户使用，支持原笔迹签字，与纸质签字书写感觉一样；高清显示分辨率，出色的显示亮度和色彩还原，带来全新的视觉感受。若服务器保存了当前参会人员的签名，则用户进入后可自动签名；若没有保存，则需用户手动签名。多次签到，以第一次签到时间为准。

2. 桌面共享

智能交互，将终端的显示内容共享给其他参会人员的终端，方便参会人员的浏览和共享，并可以随时进行桌面截图后修改编辑等操作，便于发表自己的意见并进行会议讨论。任何一位参会者都可将自己终端上显示的画面同屏给所有参会者，同时也都可取消同屏画面，自行操作，也可返回到正在同屏的画面上。

3. 共享白板

为参会人员提供一个同步交流的工具，类似会议室的白板，可在上面勾、画、标注和色笔等功能，支持更换画笔粗细和颜色等，同时支持多人在同一白板上书画。灵活直观的展示图形和文字，方便讨论、圈划和修改，大大提升会议的形象性和直观性，弥补了文字交流的不足。保存时可截屏，以图片形式存在系统制定的目录下或发送给其他参会者。

4. 无线投影

采用安全的数据传输技术，通过无线局域网，实现 PAD 智能手写电脑的无线投影功能和 PAD 端无线投影权限的智能切换功能。会议管理员可以控制自己和其他参会人员的投影，参会人员只能控制自己的 PAD 投影。

5. 投票表决

通过 PAD 进行投票表决，并自动统计各个选项得票数，便于参会人员了解投票的信息，也节省了大量时间。投票形式支持自定义，可以多选一，也可以多选多，同时可支持多种投票模式，如记名、匿名和弃权。

6. 即时沟通

参会人员通过文字进行交流的即时通信工具。在会议中，参会人员可以互相发送信息，同时可实时接收到来自会议秘书的会议通知，提供及时交互，方便参会人员之间进行信息交流。支持一对一和一对多模式，全触摸输入法，来信息时主界面状态栏有信息图标闪动提示。

7. 会议信息管理

会前，由会议管理员新建会议日程，录入会议基本信息并上传相关会议资料。会议基本信息主要包括：会议名称主题、开始结束时间、参会领导、主持人及各个参会人员信息。同时会议管理员还可以对会议日程进行修改和删除工作。参会人员进入会议后，即可查询相关会议信息，并下载会议资料。

8. 进入/退出会议

进入会议前参会人员需进行登录操作，进入会议后需验证参会人员身份；会议结束由会议管理员负责退出会议，普通参会人员注销即可退出会议。

9. 会议资料

准备会议时上传过来的会议中要使用的文件，可分类/分目录，也可为个人建立单独文件夹来存放自己的会议文件，在上传文件时可设置其可见性。

有些文件可能是临时由移动设备带入会议室，这时可通过系统的外置接口将会议文件上传到系统中。上传成功后可设置文件的可见性。

会议助理具有会议资料上传下载和U盘文件上传下载功能，普通参会人员只具有U盘上传下载功能，会议结束后会议资料自动删除。

9.3.5 产品安全

由于企业所处行业的保密性，所以对于会议系统的安全有严格的要求。主要是从网络层、应用层和操作层三级安全层面加以考虑。在网络层要求从物理层面上保障系统安全，加强在内网的会议系统与其他系统的隔离，以防信息泄露；在应用层要求加强对使用者的身份认证和管控以及数据安全管控等；在操作层要求使用正版操作系统，定期查杀病毒等。

无纸化会议系统涉及到网络层安全、终端接入安全和应用安全，平板电脑的开发方式与传统的PAD开发有较大的不同，在底层支持组件、安全控制方式和数字证书支持环境等方面需要进行深入开发。具体来说，无纸化会议系统从以下几个方面加强安全管控。

- 物理安全：利用企业认可的隔离技术，加强无纸化会议系统与其他系统的隔离。

- 网络安全：利用目前企业认可的专利技术，符合的相关管理规定，实现无线方式的网络身份接入、认证、鉴别和管控，确保安全。

- 应用安全：提供会议防盗链，加密机制。进行会议终端与会议资料网址的绑定，实现凡是非本会议终端都无法访问会议资料。提供会议资料访问的访问记录，可跟踪会议资料的使用记录。提供会议资料的不同权限管理支持，可授权拷贝和修改等。会议资料的自动删除功能，按照需求进行管理。

- 数据安全：在数据安全上主要考虑传输安全和存储安全，数据的传输要确保数据完整性和保密性，传输过程中不被窃取，系统对于关键数据的传输采取信息加密的方式；存储安全充分考虑数据和应用的备份，并能及时恢复。同时通过授权的方式，对参会人员所涉及的涉密会议文件进行管理，当会议结束后，可以根据会议要求对文件进行处理，可删除会议相关涉密数据。
- 定期查杀病毒：使用正版操作系统，每日或定期查杀病毒，保障系统安全。

9.3.6 效益分析

1. 直接效益

通过本项目的实施，可以创新会议和工作协调模式，提高会议效率，提升会议质量。节约与会者参会时间、节约纸张和办公费用。从而推动相关企业会议的正规化、标准化和流程化，能够在经营管理上直接带来经济效益。相比与传统会议，使用大量纸张、会议时间长及效率低等特点，无纸化会议系统无疑能够为企业会议提供更有价值的服务。

2. 间接效益

通过本项目的实施，可以进一步提升企业会议无纸化水平，完善企业的信息化系统体系；还可以树立节能环保的企业形象，有利于企业的持续发展。

9.4 第四步：进行产品演示

进行产品演示，也需要管理好事前、事中和事后的工作，尤其对演示后的答疑需要多加准备，答疑环节是个难点，也是个重点。下面就事前的准备，事中的开场白、演示和答疑，事后的跟踪反馈等环节的注意事项进行说明，希望能够给读者以帮助。

9.4.1 事前的准备工作

产品演示的事前准备工作十分重要。一方面演讲者需要了解听众的相关信息，如有哪些人来听？决策者是谁？听众对演示系统了解多少？他们的内在业务现状是什么？内在需求是什么？通过了解这些背景信息，构思演示系统的思路，增强演示的针对性。

另一方面，需要检查演示系统、投影仪和耳麦，荧光笔等相关系统和器材的情况，确保各种工具都处于正常工作的状态。

笔者以前就见过有的售前在演示系统的时候，碰到系统反应有点慢，这位售前又赶紧点了几下鼠标，系统反应更慢了，等了半天也没出来相应页面。最后，只能尴尬的按下了"Ctrl+Alt+Delete"组合键。所以，售前在演示系统之前，一定要实际操作几遍，只有对系统非常熟悉，才能把系统演示好。

9.4.2 开场白很重要

开场白的作用是把听众的思绪从各自的工作中拉到现场来，并突出介绍本公司的业务领域、特长，突出业绩以及演示者的名字和职务等信息。

由于听众的每个人都忙于自己的事务，刚开始听演示的时候可能还没有完全进入状态。所以演示者可以用"大家好，今天的演示正式开始"等话语来提醒听众，使其迅速集中注意力，进入状态。

比如，给客户介绍无纸化会议系统的时候，可以这样开始："大家好，今天的无纸化会议系统正式开始！在开始之前，我首先介绍下本公司的一些情况。本公司专注于办公系统开发长达10年，拳头产品包括无纸化会议系统、协同OA及ERP系统等等，长期合作客户包括XX银行和XX能源公司等许多大型国企。本人是公司的高级售前，在办公系统领域从业多年，今天由本人来给各位介绍无纸化办公系统的核心功能，谢谢大家！"

开场白需要言简意赅，既要把听众的注意力吸引过来，又不能太过拖沓，着重突出公司和本人的优势即可。

9.4.3 功能演示需要注意的问题

功能演示需要按照一定的思路进行演示，比如演示无纸化会议系统，就可以按照业务流程顺序，从拟定会议、会前准备、会议召开到会议结束来进行演示。如果某系统涉及多个角色或部门，也可以按照这些部门或角色来一个一个的加以演示。

另外，演示的时候不能一下就进到细节功能上，如果不说整体直接介绍细节，就会让听众感到茫然而且思路不清晰。所以需要先概况性的描述下这几个功能主要实现哪个业务需求，能做哪些事情，然后再一个个分别介绍功能点。

最后，演示的时候需要设置一定的互动环节，才能更加有效地培养一种讨论氛围，吸引更多人的参与。而且演讲者的目光需要与听众有交流，切忌自己闷头讲，不理会客听众的反应。

相信做到了以上 3 点，对于系统功能演示会起到一定的帮助。

9.4.4 如何回答客户的提问

应对客户的提问是个技术活，因为事前无法得知客户的问题是什么，而且客户的提问经常在演讲者的预料之外。所以事先多准备一些客户可能的提问和比较好的应答，还是有必要的。下面针对几个常见的情况，给出相应的建议。

1. 某客户的提问问题很多，时间很长

建议：如果该客户是该项目的决策人，证明他对这个系统感兴趣，所以针对他的多番提问，需要一一细心解答；如果某个客户不是决策人，但提问有道理，可以回答他的问题的同时，也提议让其他客户参与提问；如果某客户不是决策人，提问与本系统无关，可以回答会后再单独回答他的提问。

2. 某客户提的问题很难，超出了自己的知识范畴，无法回答

建议：如果该客户的提问真的难住自己了，可以坦诚的回答，我现在也没有比较好的答案，等过段时间，我想好了，再告诉您。你对客户坦诚，相信也会赢得客户同样的反馈。

3. 某客户有不同看法，否定自己的意见

建议：对于不同意见，首先演讲者需要表现出一种尊重的态度，然后平和的说出

自己的观点和想法,但是不强求对方接受。有时候也可以开个玩笑,化解尴尬的气氛。如果客户一定要坚持自己的想法,我方也可以出示一些证据,比如某权威机构的测试报告及市场占有率的证明文件等等。

9.4.5 演示完成后的跟进

演示完成后,需要观察客户的反应,如果客户有进一步沟通的愿望,可以和客户商定下一次会面的具体内容和时间。回到公司后,也可以打电话询问客户对于这次演示的反馈意见,尊重客户其实也就是尊重工作、尊重自己,从客户反馈中获取改进自己的信息,也可以分析得到下一步该如何行动。

第 10 章　IT 售前实战：方案型售前项目案例

所谓方案型售前，是指以解决方案和投标文件写作为主的售前。该类售前的特点是写作量巨大，需要有较强的资料收集能力和写作能力作为支撑才能完成好工作。下面就如何收集材料以及如何写好解决方案和商务标做一个阐述。

10.1　如何收集资料

收集资料是售前的基本功，因为售前在写作解决方案和标书的时候，往往领导交待下来的任务及一点点资料，但从领导那儿获取的一点点资料往往不能满足庞大写作量的需要，所以售前必须学习和具备收集资料的能力。具体来说，资料的来源可以是网络、书店和公司。最好是能建立起自己的资料库，这样一来，才能在写作的时候得心应手，保证进度和质量。

10.1.1　利用网络收集资料

当今社会也可以称之为"网络社会"或者"互联网社会"，整个社会都被互联网深刻的影响着和改变着。那么，作为新时代的 IT 售前，更需要善于从网络中收集资料，为我所用。但是，笔者反对全盘照抄网络资料，不仅涉及版权问题，也对自己的独立思考及独立写作能力是一种摧残，不利于自身的职业道路发展。那么，我们又应该如何合理利用网络资源呢？笔者主张领会其精髓，用自己的语言表达。

网络资源很多，首先得具备一定的鉴别能力，即选择一些好的资料作为模仿的对象，一些较差的材料应该放弃。其次，并不一定是一份材料从头模仿到尾，可以选取其精华进行模仿，兼收并蓄，取各家之所长，最后用自己的语言表达，形成自己的观点和方案。最后，应该仔细检查，看看自己所写方案之中，是否存在自相矛盾之处或者错误之处，应予及时更正。

比较好的网络资源包括：
- 百度文库（http://wenku.baidu.com）；
- 豆丁网（http://www.docin.com）；
- 道客巴巴（http://www.doc88.com）。

10.1.2 利用书店收集资料

书店是人类的精神家园，也是一座座宝藏。作为售前，也需要不断的学习，才能不断的进步，尤其是在 IT 这个行业中。笔者选书的经验是不看出版社、不看作者名气、只看图书的内容。

对图书内容的评判标准：
- 一是内容易于理解，读者自己能完全看懂；
- 二是内容精彩，对读者有具体的指导和启发意义。

许多读者选书都是看作者或者出版社的名气，笔者不以为然。选书需要立足于自身，选择自己能够充分理解，对自己有较大帮助的书。笔者为了买书，经常去北京各大书店，喜欢把各种图书翻一翻，看看里面的内容，和其他同类图书比较一下，然后再决定购买。如果只是看名气，看目录，未必会选到称心如意的书。

对于售前而言，经常跑跑书店，学习一下 IT 技术或者沟通交流方面的知识，是非常有必要的。笔者并不是唯书本论，而是强调理论知识对于售前的巨大指导意义以及对于售前写作的巨大帮助。售前既可以学习优秀图书里的清晰的行文逻辑和不同种类的文风，又可以学习到具体的技术知识，一举多得。

北京比较好的书店包括：
- 中关村图书大厦；
- 西单图书大厦；
- 王府井图书大厦。

10.1.3 利用公司收集资料

每个公司，无论大小，都有技术资料的积累。许多公司都有自己的内部图书馆，或者电子资料在内网上，或者有实体图书馆。这些资料都是和公司的业务发展密切相关的，都是前人经验的总结。售前完全可以参考自己公司的这些资料，从中既可以使用公司的写作模板、模仿公司的写作风格，还可以从中获取许多业务知识。如果售前不利用公司的资料积累，那真是太可惜了，可以说是"捧着金饭碗讨饭"。所以售前需要积极获取公司的各类技术方案，学习之，消化之，提升自己。

10.2 如何写解决方案

解决方案的写法很多，写作目的一般都是为了帮助客户解决当前业务碰到的问题，具体内容可以是产品解决方案，也可以是定制化解决方案。其写作套路大致相同，都包括项目概况、现状分析、总体设计、功能设计和实施方案等内容。

项目概况一般需要说明项目的背景及碰到的业务问题，阐述该项目的实施必要性。现状分析主要是分析客户的当前信息化现状，为下一步开展工作摸清情况。总体设计一般侧重于宏观设计，比如软件架构图、硬件架构图和该项目所用各项技术等。功能设计则需要说明该项目具体能够实现哪些功能，能够帮助客户解决哪些问题。实施方案通常包括管理安排、售后方案和培训方案等内容。

下面给读者展示一个解决方案的示例，希望可以帮助读者更好的把握解决方案的写法。

10.2.1 项目概况

1. 项目背景

（1）某局的可持续发展需要信息化的支撑

某局经过多年的发展，已经建设并在使用适合其自身发展战略需要的综合类管理系统（如财务管理、物资管理和采购管理等）和业务类应用系统（如挖泥智能化管理和船舶 PMS 管理等），为可持续发展奠定了坚实的基础。但是由于各系统间没有建设良好的系统集成，不利于协同工作和数据共享。所以有必要在大数据时代，利用云计算和大数据等先进技术为自身的经营发展服务，不断提高某局的专业水平和市场竞争力。

（2）新技术的产生对信息化的催化及革新作用

基于云服务的大数据中心如今已从概念走向实际应用阶段，其商业价值早已为产业界人士、资本市场和政府管理者所关注。对于大数据应用最积极的，要数那些能够真正从中获得利益的企业。据统计，阿里巴巴公司利用大数据分析之后，单日利息收入 100 万元，持续 1 年，利息收入达到 3.65 亿元。所以，传统软件技术加上了云计算和大数据等当今先进的技术，其威力如虎添翼。

（3）基于云服务的大数据中心可以满足某局管理和业务发展需求

目前，某局在用的各个信息化系统存在信息孤岛，数据架构在顶层设计时未能考虑周全，存在数据无法实现共享等现象，以上这些因素影响着某局的后续发展。

而基于云服务的大数据平台的建设及应用从业务管理方面也可以对某局的经营状况、工程工艺管理、设备运行管理及财务成本管理等领域都可以提供有价值的统计分析；从技术支撑方面可以对庞大的数据量提供准确的分析，从而保证决策的及时性和准确性。所以，建设大数据平台为某局的可持续发展保驾护航。

2. 建设目标

（1）搭建国内疏浚行业领先的大数据应用云平台

当今国内疏浚行业，已经建设了一批信息化系统，为我国疏浚行业的建设和发展提供了技术支撑，做出了贡献，但是普遍存在信息孤岛和数据无法共享等情况。所以某局通过建设大数据应用云平台，不仅在某集团内部可以达到领先地位，并且在疏浚业内和客户中间也将获得良好的口碑，有助于树立良好的企业形象。

（2）建设服务于核心业务的大数据应用

某局的核心业务包括疏浚、吹填造地、水工工程、海外业务和投资业务等。通过大数据云平台，可以采集某局各部门各项目各船舶的生产和经营数据。通过对历史数据的挖掘分析和对实时数据的在线展示，可以帮助各级领导层从宏观上管控企业的经营状况，从横向和纵向上统计分析各类数据，从而提高某局的整体管理能力。尤其是支持基于移动端的各种应用，基于移动端，也可以及时处理实时数据和历史数据，统计分析相关价值信息。

3．建设内容

1）大数据基础平台搭建

（1）整合集成各系统模块

首先需要对原有各系统进行评估，通过评估可以了解各个在用系统的状况；随后需要对网络、存储设备和主机进行虚拟化以建立 VPN 专网（数据传输）、存储资源池（数据存储）和计算资源池（数据处理）；在虚拟化的基础之上部署软件完成私有云的建立。

（2）扩充移动应用平台

开发基于 Android、iOS 和 WP 平台应用软件，实现各种移动终端（手机和 PAD 等）的数据采集与移动应用。

2）应用系统迁移

将评估完成的各个系统迁移到私有云之上，各原有系统功能不变，实现各系统的集成、数据共享和统一管理。

3）大数据平台应用及扩展

大数据应用分为两个层次：智能分析和大数据分析。

（1）智能分析

智能分析针对不同的业务角色，如某局管理层可以通过多种分析工具看到企业各个方面的情况。如从宏观层面上,可以分析企业的整体生产情况,如全公司当月疏浚产值/成本/耗油统计分析。从各业务角度来看,可以查看各船舶设备运转情况及工程工艺状况,财务状况的综合统计分析等。

(2)大数据分析

大数据分析分为三个维度:关联性分析、预测分析和偏离分析。通过这三类分析,可以明确了解,碰到的各个问题之间的关联关系以及对未来会出现问题的一个预测,还可以通过偏离分析对异常情况进行预警。这对于掌握情况、分析问题和解决问题无疑起到了很大的支撑作用。

4. 建设意义

本项目的建设意义分为管理效益分析、经济效益分析和社会效益分析。

(1)从管理效益来看。通过建设大数据应用云平台,可以提高某局各级管理层对企业核心业务的整体管控的能力,横向能够分析各部门相关的关键业务数据;纵向可以分析本部的历史业务数据,提供一体化的数据集成分析展现平台,直接提升企业管理效益。

(2)从经济效益来看。以前统计相关数据,需要涉及多个部门,其工作费时耗力。而通过大数据平台,可以非常高效地进行多维度多层次的统计分析和输出,节约大量的时间成本和人力成本。同时通过该平台,可对工程工艺、船舶及备件、技经指标等进行深入分析,提供从宏观到微观的各类统计数据,辅助分析决策,产生直接的经济效益。

(3)从社会效益来看。通过建设大数据应用云平台,对内可以帮助某局提高信息化应用水平,争取进入某集团信息化前列。对外可以帮助某局在社会上树立先进技术、服务可靠的良好形象,也可以在客户中树立良好的口碑,有利于某局进一步的发展。

10.2.2 现状分析

该部分主要分析客户当前的信息化现状,包括现有各系统的名称、功能和使用效果等。具体内容略。

10.2.3 总体设计

针对某局的业务现状,即已建成一批业务系统,但是还未实现系统集成,存在信息孤岛。在本方案中建议实施分为 4 步完成:

(1)先在数据中心实现虚拟化(即存储虚拟化、服务器虚拟化和网络虚拟化)。

(2)再在虚拟化的基础之上搭建 Hadoop 私有云平台,利用 HDFS 分布式架构和 MapReduce 处理框架作为基础性架构。

(3)在 Hadoop 云平台之上,实现各业务系统数据之间的企业级数据共享交换。

(4)最后进行业务系统迁移,将综合管理系统和专业业务系统迁移到 SAAS 层,最终实现原有业务系统和新开发业务系统与大数据应用云平台之间的无缝衔接。

总体设计架构图如图 10-1 所示。

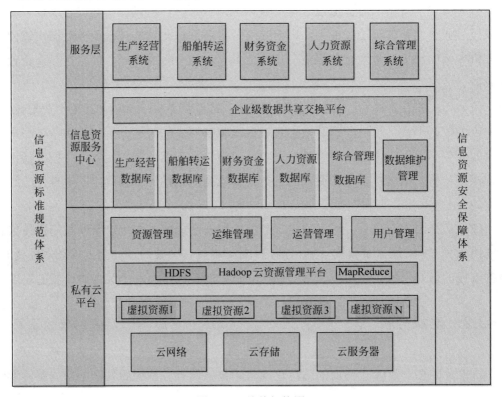

图 10-1 总体架构图

1. 设计原则

本系统以满足实际应用为出发点,设计时主要遵循以下原则。

(1) 可靠性

系统可靠性是系统长期稳定运行的基石,只有可靠的系统,才能发挥有效的作用。本方案从系统设计理念到系统架构的设计,再到产品选型,都将持续秉承系统可靠性原则,均采用成熟的技术,具备较高的可靠性、较强的容错能力及良好的恢复能力。

(2) 兼容性

企业已经建设有各独立系统。本系统需要充分考虑与既有各独立系统的兼容,保障从各独立系统获取的数据的时效性、正确性和完整性。

(3) 扩展性

系统应采用标准化设计,并严格遵循相关技术标准,确保系统之间的透明度和互通互联;在设计和设备选型时,科学预测未来扩容需求,进行余量设计。设备采用模块化结构,便于系统扩容和升级,能保障系统的技术寿命及后期升级的可延续性。

(4) 易管理性和易维护性

系统采用全中文、图形化界面实现管理与维护,人机对话界面清晰、简洁、友好,操控简便、灵活;稳定易用的软、硬件,不需借助任何专用维护工具,降低了管理人员进行专业知识的培训费用,又节省了日常频繁地维护费用。

(5) 安全性

综合考虑网络安全和数据安全。在各系统与大数据中心系统之间必须保障通信安全,采取可靠手段杜绝对大数据中心系统的非法访问、入侵或攻击行为;对数据的访问采用严格的权限控制,并做好异常快速应急响应和日志记录。

(6) 性价比

系统采用先进成熟的技术,实现高性能和可扩展的网络体系结构,支持今后不断更新和升级的需要,同时实现与既有系统的衔接,最大程度地降低系统造价和安装成本,保护投资,提升系统性价比。

2. 设计思路

为了满足疏浚行业日益增长的需求，拟采用 Hadoop+MapReduce 构建一套完善的大数据应用云平台。Hadoop 具有开源、成本低、可扩展性好和高效的特点。

Hadoop 迈向主流的标志是在 2011 年，它得到了五家主要的数据库和数据管理厂商的积极接受，EMC、IBM、Informatica、微软和甲骨文都纷纷进入 Hadoop 领域一较高下。IBM 和 EMC 在去年发布了各自的发行版，后者还与 MapR 结为合作伙伴。微软和甲骨文则分别与 Hortonworks 和 Cloudera 合作。EMC 和甲骨文都发布了专门定制的硬件设备，随时可以运行 Hadoop。

Hadoop 框架透明地为应用提供可靠性和数据移动。它实现了名为 MapReduce 的编程范式：应用程序被分割成许多小部分，而每个部分都能在集群中的任意节点上执行或重新执行。此外，Hadoop 还提供了分布式文件系统，用以存储所有计算节点的数据，这为整个集群带来了非常高的带宽。MapReduce 和分布式文件系统的设计，使得整个框架能够自动处理节点故障。现在普遍认为整个 Apache Hadoop 平台包括 Hadoop 内核、MapReduce、Hadoop 分布式文件系统（HDFS）及一些相关项目，包括 Apache Hive 和 Apache HBase 等。

（1）云平台选型分析

当今主流的云平台包括商业云平台和开源云平台。其中商业云平台最著名的包括谷歌云、亚马逊云、微软云和 VMware 云。开源云包括 Hadoop、Eucalyptus、Nimbus、Sector and Sphere。国内云平台包括中国移动的大云和阿里巴巴的阿里云。其中主流云平台还是 Hadoop，具有开源+性价比高+支持厂商多+功能强大的特点。所以建议还是使用 Hadoop 云平台，如表 10.1 所示。

表 10.1　云平台选型表

云名称	核心技术	特点
谷歌云	谷歌云独立开发了四个全新系统：GFS、MapReduce、BigTable 和 Chubby，全面支持大数据	先进云平台+商业+谷歌
亚马逊云	亚马逊云是最具代表性的基础存储架构 Dynamo，性能能先进	先进云平台+商业+亚马逊

续表

云名称	核心技术	特点
微软云	支持云平台软件开发，用户体验性好	先进云平台+商业+微软
VMware 云	虚拟化优势，主要提供 IAAS 云计算服务	先进云平台+商业+VMware
Hadoop	Goolge 云的开源实现，已成为主流云平台，包括 HDFS、MapReduce、HBase 和 ZooKeeper 等组成	主流云平台+开源+众多公司支持
Eucalyptus	亚马逊云的开源实现，具有简单的分层拓扑结构和模块化设计	先进云平台+开源+支持公司不多
Nimbus	包含一整套开源工具，主要用于科研领域	科研云平台+开源+支持公司不多
Sector and Sphere	包含了负责分布式存储的 Sector 和架构在 Sector 之上负责分布式计算的 Sphere，主要面向数据密集型计算，适合高速网络和大数据集	先进云平台+开源+支持公司不多
大云	包括支撑云、业务云和公共服务云，主要应用于中国移动业务	先进云平台+中国移动业务+中国移动
阿里云	包括分布式操作系统"飞天"、分布式文件系统"盘古"和分布式存储系统"有巢"等	先进云平台+电子商务业务+阿里巴巴

（2）云平台整体架构

大数据应用整体架构从低到高包括数据源层、存储和网络层、数据采集集成处理层、分布式虚拟化持久层、集成分析层及用户访问层。

数据源层主要包括某局的六大信息系统，主要为上面的处理层提供数据；数据采集集成处理层包括 Hadoop 云平台、MapReduce 处理模型和数据集成整合工具等，主要是对抽取的数据进行初步处理；分布式虚拟化持久层主要是对数据进行计算和管理；分析层则是利用 MapReduce 和 BI 分析工具对数据进行深度分析；用户访问层支持用户使用各种终端设备进行用户认证以及系统访问，如图 10-2 所示。

（3）Hadoop 平台架构

某局数据中心建设的最终目的是为各个业务系统、数据挖掘与辅助支持等应用提供数据存储、管理与高性能计算环境。为了满足某局数据中心更高的数据应用和管理的需求，设计了基于 Hadoop+MapReduce 的大数据应用云平台，如图 10-3 所示。

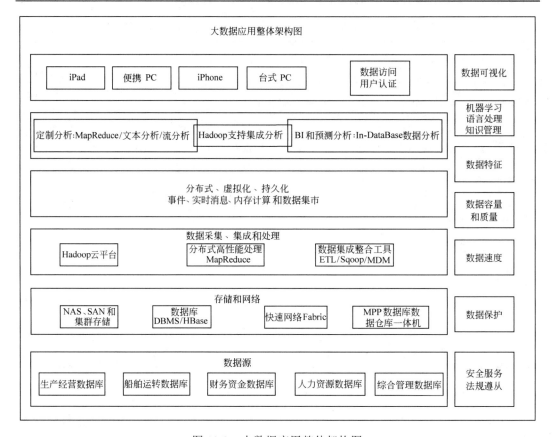

图 10-2 大数据应用整体架构图

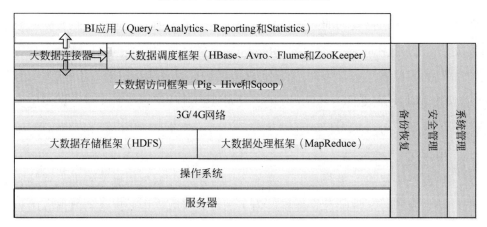

图 10-3 Hadoop 平台架构图

（4）网络拓扑架构

大数据应用平台主要搭建与企业私有云之上，企业私有云包括计算资源、存储资源和网络资源。计算资源中的应用管理系统是逐步迁移到私有云平台之上的，迁移完成之后，私有云平台就可以根据访问客户的需求，弹性的调配计算资源和存储资源等来完成客户的要求，如图10-4所示。

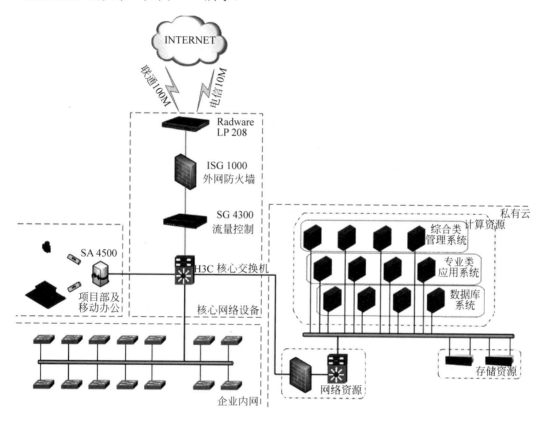

图10-4 网络拓扑架构图

3．业务系统迁移策略

业务系统迁移到大数据应用云平台需要分6个阶段来实施，即评估、整合、虚拟化、迁移、自动化和上线优化。

(1) 评估

如果企业想安装私有云,第一步是评估。企业要评估现有的基础架构、人力和其他对应 IT 组合的资产。IT 资产以性能、可用性和可扩展性为基准,基于目标的云平台,就可以得出一份有利于成本效益的分析。需要准备一个资金回报率模型和高级别策略文件。

(2) 整合

目前某局下属公司分布在天津、上海和广州等地,每家公司都有其数据中心。如果搭建大数据应用云平台,需要对各个公司的数据中心进行整合。可以在某局建设大数据应用云平台上,为其他下属公司提供弹性计算资源,其他公司的应用系统可以迁移到某局的云平台之上。

(3) 虚拟化

整合好 IT 资产之后,考虑将 IT 基础架构虚拟化(包括存储、服务器和网络)。这一步用来优化整合后的基础架构。一般来说,硬件指定量基于该硬件的峰值需求/使用率。企业应该查明哪个硬件的内容没有充分利用。例如,在评估期间,如果只有 10%的计算利用了,你就得找到利用余下 90%的方法。虚拟化解决方案比如 VMware 可以用以解决这个问题。这样做,就可以最大限度地利用 IT 基础架构,发掘没有使用的资源,然后进一步安装私有云。

(4) 迁移

一旦基础架构虚拟化和数据中心整合完成了,就可以考虑应用迁移。先通过功能和非功能的角度评估应用,然后以此选择可以迁移到云的应用。应用架构标准化也很重要。这涉及到建造标准参考架构,把它与现有的应用架构对比,然后区别两者。在这个级别,任何异常都不要有,按要求调整应用,遵照参考的云架构。

在虚拟化的云平台,人们预料应用方面会有进一步提升。我们假定应用使用一个特定的 URL 和路径访问一个文件。云的文件没有标准的特定区域,因为如果机器坏了,文件会丢失,应用同时也就无效了。在云平台,你无法预测应用使用哪个规定的路径访问文件,同样的文件可以放在云上多种位置。因此应用需要调整,以便不用预测文件放在哪个特定的位置。

（5）大数据云平台硬件自动配置

下一步是自动化，自动供应在这一步配置到应用里。比如说，如果加载的应用突然增加，传统环境可能就得采购新服务器。但是在私有云中，应用应该有自我扩展能力，形成一个新的虚拟机，把自己安装到虚拟环境，然后开始着手任务。自动化应该和管理、监控对应。一旦机器故障，告警可以自动发布给管理员。理想情况下，没有手动干预，私有云可以自己创建一个实例，启动需要的应用。把自动化装进应用，就能启动自我修复和扩展能力。

（6）优化

向私有云迁移，动力通常是潜在成本节省和性能提升。最后，优化步骤包括度标准量的监视。在私有云运行应用三个月后，观察产生的度量标准，评价目标是否达到。基于这样的分析，就可以调整以获得最大收益。这是私有云搭建的最高阶段。

10.2.4 功能设计

1. 基于大数据平台的系统移植和新建系统

在大数据平台建立后，原有信息化系统的功能不变，操作方式不变，平台提供老系统迁移功能，原有系统能快速接入大数据平台。如增加新的业务应用系统，可直接在新的大数据平台上进行规划和开发实施。

扩充移动应用平台：开发基于 Android、iOS 和 WP 平台应用软件，实现各种移动终端（手机和 PAD 等）的数据采集与移动应用。

2. 基于GIS等技术的多维度支持

系统支持多维度的展示模式，可根据业务管理需求，切换展示维度，通过三维和 GIS 图像，实现对船机、工程、财务和经营等实时数据的展示和分析。在平台内的电子地图上直接对正在进行生产作业船舶的相关数据进行浏览查看，也可查看所有作业船舶的分布情况及工程实时数据等多种应用。

3. 基于大数据平台的移动终端应用

本系统支持移动端多平台（Android、iOS 和 WP），各品牌自适应。移动终端的功能模式包括如下。

（1）前端数据采集

公司最前端的船舶和项目部工作人员利用移动终端采集现场数据（如某施工员将某施工工地吹泥管线分布关键点照片或视频、位置和流速等相关信息）并实时传送到大数据云平台。

（2）基于移动端的横向在线数据查询

通过在线数据及时查询功能，移动端能够查询经营管理、工程工艺、船舶转运和资金支持等各个业务领域的数据，实现快速浏览，及时掌握。

（3）基于移动端的纵向历史分析展现

移动端还能对纵向历史数据进行挖掘分析，通过多维度针对各个业务领域的钻取，可以挖掘各种有价值的信息，供用户参考使用。如系统会自动分析用户喜好，针对用户经常关心的业务进行有针对性的信息推送。

（4）报警提醒

移动端的报警提醒功能也十分方便。一旦系统生成用户关心的业务领域的报警信息，会自动发送至用户移动端，移动端会根据用户的设置自动发出提醒音，告知用户及时处理相关信息。各级管理层也根据业务需求设定警报提醒参考值，服务端根据设定进行信息推送和提醒服务。

（5）移动功能个性定制

可在移动端个性定制关心的工程、船舶和项目等领域的内容，服务端根据设定进行数据推送服务。

（6）移动端数据安全管控支持

基于大数据平台和数据安全管控策略，对移动终端的数据展示安全控制进行处理，符合实际业务的安全管理要求。同时，系统支持移动终端的动态接入认证和接入请求验证等处理工作。

4. 大数据平台下关键流程和指标报表分析

提供相关各级管理层所需的统计分析数据和各类数据报表，覆盖该局管理决策层、经营、工程工艺、财务及各级部门，展示数据来源于原有系统，并预留系统扩展接口，实现对各级管理层不同层次和范围的报表分析和展现需求。如产量、产值、成本、利润、问题及问题管理等。

（1）经营状况分析

该功能是企业管理者最关心的目标，通过大数据应用云平台，各系统实现集成，可以查看企业各项经营指标的情况以及各部门的绩效考核情况。例如，企业每月油耗量/疏浚产量、每月油耗走势、疏浚产量走势等其他经营指标。

（2）船舶运行状况及备品备件综合数据分析

通过大数据平台，实现各船的运行情况会实时传回系统中。根据后台模型，系统会根据传回数据以及模型自动计算出各船的运转情况并给出相应评价。如需了解各船运行情况，系统也可以支持抽取详细信息。

备品备件管理功能：以大数据为支撑，通过对局公司、二级公司和项目部既有的船舶及设备数量的统计可了解某局既有船舶和设备的总数；通过对船舶设备维修及设备更换等数据的统计可了解船舶设备更新换代的频率，两者相结合可实现备品备件数量的合理控制，杜绝库存过大等问题的产生。当备品备件的数量不足以支撑某局所有船舶的正常生产时，系统会自动告警并告知相关人员，从而保证问题解决的及时性和有效性。

（3）工程管理分析

通过大数据平台，可实时统计每个工程的进度、成本和质量并结合评价模型对每个工程的整体情况进行分析，同时实现各级管理层的业务需求。

（4）工艺状况分析

通过将具体的工艺要求和船舶的历史生产数据的收集、统计和分析，可实现作业船舶施工工艺的全过程监控，如果船舶在生产作业过程中通过数据分析发现与其工艺要求有所偏差，系统会自动告警并记录当前作业的实时数据，以便后期调用，同时会告知相关人员，利于及时纠正，保证了船舶作业的标准化和规范化。

可根据需求，可以把流程工艺和油耗量/疏浚产量比值做关联。通过统计分析，分析出哪种工艺对应的油耗量/疏浚产量最高等等分析功能。

（5）财务指标分析

在系统中，还可以统计公司的整体财务状况，以及各项目各部门的财务状况。

（6）聚类分析/预测分析/偏差分析

通过这三类分析，管理层可以明确了解，碰到的各个问题之间的关联关系以及对未来会出现问题的一个预测，还可以通过偏离分析对异常情况进行预警。

5．通过大数据平台实现对项目施工现场工艺实时管控

实时监控项目是否达到预期的监控目标，挖泥船的实施工作数据，实时监测各船的操作数据，是否符合工艺要求，面向现场项目部人员和工程技术人员，根据需求也可提供各级领导层实时查询工程或船舶的操作情况。

6．基于大数据的系统分析和扩展

由该局各级业务部门根据后期的需求进行扩展和分析。如工程大数据的财务分析、产品库存和应收分析等。

10.2.5　实施方案

实施方案各个公司都应该有现成模板可供售前人员参考，这里就不再介绍了。但是主要内容应该包括项目管理方案、售后支持方案及培训管理方案等。

10.3　如何应答商务标

应答商务标是售前的一项基本技能，对于售前的耐心和细心的考验相当大。应答商务标并不难，因为商务标的模板在招标文件中都会给出，售前人员只需填写即可，但是一定需要细心，不能出错。因为商务标出错就意味着废标，前面所有的工作就相当于白做了，对于公司也是一个打击。所以售前人员在应答商务标的环节务必细心细心再细心,绝对不能出现任何错误。售前人员完成商务标应答之后,建议通过自行检查、与其他同事交叉检查及上级领导审核等几个环节。

10.3.1 投标书

致:＿＿（招标公司）（填写完整的招标公司名称）

根据贵方为(项目名称（填写招标文件上完整的项目名称,不建议手写,建议从招标文件直接复制))项目招标采购货物及服务的投标邀请(招标编号（建议直接从招标文件复制）),签字代表(姓名和职务)经正式授权并代表投标人（投标人名称和地址）提交下述文件正本＿＿份、副本＿＿＿份及电子文档＿＿＿份:

（1）开标一览表;

（2）投标分项报价表;

（3）货物说明一览表;

（4）技术规格偏离表;

（5）商务条款偏离表;

（6）资格证明文件;

（7）遵守国家有关法律、法规和规章,按招标文件中投标人须知和技术规格要求提供的有关文件;

（8）以＿＿＿＿＿形式出具的金额为人民币＿＿＿＿＿＿元的投标保证金。

据此,签字代表宣布同意如下:

（1）附投标价格表中规定的应提交和交付的货物投标总价为人民币＿＿＿＿＿＿（用文字和数字表示投标总价）（文字需要使用大写数字如壹贰叁,数字使用阿拉伯数字）,其中由小型和微型企业制造产品的价格为（用文字和数字表示）,占投标总价＿＿＿%。

（2）投标人将按招标文件的规定履行合同责任和义务。

（3）投标人已详细审查全部招标文件,包括所有补充通知（如果有的话）。我们完全理解并同意放弃对这方面有不明、误解和质疑的权力。

（4）本投标有效期为自开标日起＿＿＿＿＿个日历日。

（5）在规定的开标时间后,投标人保证遵守招标文件中有关保证金的规定。

（6）根据投标人须知第 1 条规定，我方承诺，与招标采购单位聘请的为此项目提供咨询服务的公司及任何附属机构均无关联，我方不是招标采购单位的附属机构。

（7）投标人同意提供按照贵方可能要求的与其投标有关的一切数据或资料，完全理解贵方不一定接受最低价的投标或收到的任何投标。

（8）联合体中的大中型企业和其他自然人、法人或者其他组织，与联合体中的小型、微型企业之间_____（存在、不存在）投资关系（如果联合体的话）。

（9）与本投标有关的一切正式往来信函请寄：

地址_____ 传真_____

电话_____ 电子函件_____

投标人授权代表签字------------------

投标人名称（全称）------------------

投标人开户银行（全称）_____

投标人银行账号_____

投标人公章------------------------

日期----------------------------

10.3.2 开标一览表

项目名称：（务必完整）　　招标编号：（务必完整）　　包号：（根据招标文件包号填写）

报价单位：人民币万元（注意单位是万元，不是元）

货物名称	投标总价	投标保证金	交货期	备注
（对于软件项目，一般就是填写项目名称）	（填写的投标总价需要经过公司领导审核）	（根据招标文件要求填写）	（招标文件如有要求按要求填写，否则填写"用户指定时间"）	（一般填写"无"）

第 10 章 IT 售前实战：方案型售前项目案例

备选方案： (若招标文件允许)				

投标人名称（盖章）：_____

投标人授权代表(签字):_____

注：1. 此表应按投标人须知的规定密封标记并单独递交。

2. 此表中，每包的投标总价应和投标分项报价表中的总价相一致。

10.3.3　投标分项报价表

项目名称:（务必完整）　　　　　招标编号：（务必完整）

包号：（根据招标文件包号填写）　　报价单位：人民币万元（注意是万元）

序号	名称	型号和规格	数量	原产地和制造商名称	单价	总价	备注
1	货物名称（包含软件系统和硬件）	（对于软件，需要写清软件系统名称；对于硬件，需要填写型号与规格）		（原产地，制造商名称分开填写）	（注意单位是万元）	（注意单位是万元）	
2	备品备件	（可以不填）					
3	专用工具	（可以不填）					
4	安装、调试和检验	（各子系统分别调试、联调分开填写）	（根据实际情况填写）	（原产地一般就是公司所在地,制造商名称就是公司名称）	（注意单位是万元）	（注意单位是万元）	

5	培训	（可以填写系统相关培训）	1	（原产地一般就是公司所在地,制造商名称就是公司名称）	（注意单位是万元）	（注意单位是万元）	
6.	技术服务						
总价：							

投标人授权代表签字：_____

投标人（盖章）：_____

注：1．如果投标人认为需要，每种货物填写一份该表。

2．如果按单价计算的结果与总价不一致,以单价为准修正总价。

3．如果不提供详细分项报价将视为没有实质性响应招标文件。

4．上述各项的详细分项报价，应另页描述。

5．如果开标一览表（报价表）内容与投标文件中明细表内容不一致的,以开标一览表（报价表）内容为准。

10.3.4 货物说明一览表

投标人名称：（本公司全名）

招标编号：（务必完整）　　　　　　包号：（根据招标文件包号填写）

序号	货物名称	主要规格	数量	交货期	交货地点	其他
1	各软件系统名称	根据实际情况填写	根据实际情况填写	招标文件指定日期	招标文件指定地点	
2	各硬件名称	根据实际情况填写	根据实际情况填写	招标文件指定日期	招标文件指定地点	

投标人授权代表签字：_____

投标人（盖章）：_____

注：各项货物详细技术性能应另页描述。

10.3.5 技术规格偏离表

偏离包括"无偏离"和"正偏离"。"无偏离"表明投标货物的规格型号与招标要求相一致，"正偏离"表明投标货物的规格型号优于招标要求。注意不要填写"负偏离"，因为填写"负偏离"说明未达到招标要求，相当于废标。

项目名称：（务必完整）　　招标编号：（务必完整）　　包号：（根据招标文件包号填写）

序号	货物名称	招标文件条款号	招标规格	投标规格	偏离	说明
1	软件各系统名称	对应的招标文件中的条款号	对应的招标文件中的规格	投标软件系统的规格	无偏离或正偏离	
2	各硬件名称	对应的招标文件中的条款号	对应的招标文件中的规格	投标硬件的规格	无偏离或正偏离	

投标人授权代表签字：_____

投标人（盖章）：_____

10.3.6 商务条款偏离表

项目名称：（务必完整）　　招标编号：（务必完整）　　包号：（务必完整）

序号	招标文件条款号	招标文件的商务条款	投标文件的商务条款	说明
1	招标文件第几部分第几章	具体商务条款	投标文件中对应的商务条款	无偏离

投标人授权代表签字：_____

投标人（盖章）：_____

10.3.7 资格、资信证明文件

1．企业法人营业执照的复印件（须加盖本单位公章）；（注意不要过期）
2．税务登记证书复印件（须加盖本单位公章）；（注意不要过期）
3．法定代表人授权书（格式）；

本授权书声明：注册于(国家或地区的名称)的(投标人（投标公司名称))的在下面签字的(法人代表姓名和职务)代表本公司授权(单位名称)的在下面签字的(被授权人的姓名和职务)为本公司的合法代理人，就(项目名称)的(合同名称（招标编号))投标，以本公司名义处理一切与之有关的事务。

本授权书于_____年____月____日签字生效，特此声明。

法定代表人签字或签章_____
被授权人签字_____
投标人盖章：
附：
被授权人姓名：_____
职　　　务：_____
详细通信地址：_____
邮 政 编 码：_____
传　　　真：_____
电　　　话：_____

4．制造厂家的资格声明（格式）；（涉及资产信息需找公司财务协助）
5．经销商（作为代理）的资格声明（格式）；（涉及资产信息需找公司财务协助）
6．制造厂家的授权书（格式，或投标人须知资料表要求其他格式）；
（若本公司只生产软件系统，硬件部分需找硬件制造厂家出具授权书）
7．投标人的资信证明：会计师事务所出具的上一年度财务审计报告或银行出具的资信证明；

8．符合投标人须知资料表要求依法缴纳税收和社会保障资金的记录；

9．近三年内在经营活动中无被省部级以上政府机关处理的违法记录承诺书；

致：（招标公司）

我公司郑重承诺：我公司在近三年内的经营活动中无被省部级以上政府机关处理的违法处罚记录！

投标公司名称

×年×月×日（盖公章）

10．招标文件要求的其他资格证明文件。

10.3.8 缴纳中标服务费承诺书

致：中招国际招标有限公司

我们在贵公司组织的＿＿（填写项目名称全称）项目招标中若获得中标资格（招标文件编号：＿＿＿＿），我们保证在领取中标通知书时按招标文件的规定，以支票和汇票，向贵公司一次性支付应该交纳的中标服务费用。

特此承诺！

承诺方法定名称：＿＿＿＿＿＿＿＿＿＿＿＿＿＿＿＿

地址：＿＿＿＿＿＿＿＿＿＿＿＿＿＿＿＿＿＿＿＿＿

电话：＿＿＿＿＿＿＿＿＿＿＿＿ 传真：＿＿＿＿＿＿＿＿＿＿

电传：＿＿＿＿＿＿＿＿＿＿＿＿ 邮编：＿＿＿＿＿＿＿＿＿＿

承诺方授权代表签字：＿＿＿＿＿＿＿＿＿＿＿＿＿＿＿（承诺方盖章）

承诺日期：＿＿＿＿＿＿＿＿＿＿＿＿＿＿＿＿＿＿

10.3.9 投标人企业类型声明函

本公司郑重声明，根据《政府采购促进中小企业发展暂行办法》（财库[2011]181号）的规定，本公司为＿＿＿＿＿（请填写：大型、中型、小型或微型）企业。即，本公司同时满足以下条件：

1．根据《工业和信息化部、国家统计局、国家发展和改革委员会、财政部关于印发中小企业划型标准规定的通知》（工信部联企业[2011]300号）规定的划分标准，本公司为_____（请填写：大型、中型、小型或微型）企业。

2．本公司参加（招标单位全称）单位的（项目名称全称）项目采购活动（按投标形式选择填写）：

（1）本公司为直接投标人提供本企业制造的货物，由本企业承担工程、提供服务。

（2）本公司为代理商，提供其他_____（请填写：大型、中型、小型或微型）企业制造的货物。本条所称货物不包括使用大型企业注册商标的货物。（后附制造商投标人企业类型声明函）

（3）本公司为联合体一方，提供本企业制造的货物，由本企业承担工程、提供服务。我公司提供协议合同金额占到共同投标协议合同总金额的比例为_____。

本公司对上述声明的真实性负责。如有虚假，将依法承担相应责任。

企业名称（盖章）：

日　　期：

10.3.10　制造商投标人企业类型声明函

本公司作为（招标单位全称）单位的（项目名称全称）项目的设备制造商，参加政府采购活动。根据《政府采购促进中小企业发展暂行办法》（财库[2011]181号）的规定，以及《工业和信息化部、国家统计局、国家发展和改革委员会、财政部关于印发中小企业划型标准规定的通知》（工信部联企业[2011]300号）规定的划分标准，做出如下声明：

本公司为_____（请填写：大型、中型、小型或微型）企业，提供本企业制造的货物，由本企业承担工程、提供服务。

本公司对上述声明的真实性负责。如有虚假，将依法承担相应责任。

第 11 章 IT 售前实战：咨询型售前项目案例

当今社会移动信息化风起云涌，随着智能终端的普及，各种移动应用结合当今最先进的云计算和大数据等前沿技术，得到了极大的发展。某大型企业为了提高企业生产效率，增强企业员工的用户体验，迫切需要一份结合该企业特点的移动信息化咨询规划方案。我公司通过实地调研，梳理分析，精心撰写了该咨询方案，分为三大部分：战略部分、规划部分和实施部分，下面分别加以详细介绍。

11.1 第一步：前期咨询调研

1. 设计并逐步完善调研材料

为了保证调研的效果，项目组对于相关的调研问卷进行了精心设计，对于不同的单位调研问卷有所侧重；同时随着调研的不断进展，对问卷的内容和形式不断进行调整和优化，力求能准确摸清各个单位移动应用的建设情况以及相关的需求和建议。

2. 覆盖课题相关人员

在调研过程，调研组得到了各个单位的大力配合。对于被采访人员，我们尽量含盖的职责范围广一些，除管理岗位的人员外，调研组也注意听取经验丰富的基层人员的建议和想法，确保移动应用的规划既能满足管理者的工作要求，也能贴近基层工作者，切实解决他们工作中的相关问题和困难。

3．业务口的需求获取

在采访过程中，除对各单位的信息中心等相关负责人进行访谈外，也积极通过信息中心协调相关的业务口人员，了解各业务部门在移动信息化方面建设的经验、想法及要求，确保调研资料来源真实，切合实际。

11.1.1 项目目标

根据前期调研获取的信息，经过整理，得到以下四个项目目标，这四个项目目标是由高到低，层层落地的关系。

1．根据企业中长期发展战略，支撑信息化十二五规划

企业中长期发展战略为企业各项工作提出纲领和目标，企业信息化十二五规划为本项目的执行提供方向和路标。企业战略和信息化十二五规划提出，集中精力做强做优主业、坚持以客户为中心、转变公司发展方式和实施经营型管控，同时加大科技创新力度和合理延伸产业链。其中加大科技创新力度，主要是突出在技术上加快提升公司核心技术和前沿技术的综合实力，为公司未来发展提供技术储备和技术支持（包括信息化技术支持和科技研发人才支持），特别是公司的前沿技术、技术储备和技术支持需要更加强化。

为促进信息技术支持和前沿技术的研究和落地，本课题将研究和开发企业移动应用子战略，为企业信息化十二五规划的实现提供支撑。课题将对移动信息化在企业的应用做全方位多角度的分析和研究，运用综合的战略规划工具和方法，细化战略原则、目标和内容。

2．规划发展路线图，推动移动信息化在企业中的应用

作为大型经营型管控企业，在移动信息化规划路线图中既有其他公司的共性，也

具备当地的特点。本课题将通过多层面的研究和分析，提出企业移动应用信息化的规划发展路线图。

通过调研移动应用在各地的现状，参考国内外先进的移动应用推广经验，结合企业管理的实际和现阶段的移动应用成效，制定移动信息化在企业经营管理中应用路线图规划。本课题将利用有限的时间和预算为企业移动应用规划发展阶段描画蓝图，同时为有效推动移动信息化在企业管理中的深入应用，梳理思路和方法。

3．发展路线图贯彻落地，促进企业经营管理模式转变

移动应用信息化的广泛应用和逐步深入对企业经营管理必将产生影响和变革，企业移动应用战略的实施，规划路线图的落地都必须结合企业经营管理的特点。

本课题将充分研究企业经营管理的特点，深入分析移动应用在其中的推动作用和应用推广难点，在广泛研究对比其他公司、同业集团性企业和国内外先进企业等企业的基础上，结合企业的实际情况，提出切合企业经营管理模式的移动应用实施策略和方法。同时研究移动应用和经营管理的相互作用因素和问题，提出可落地的实施规范、标准和管理措施。

4．分析未来发展趋势，深化移动应用同新技术相结合

目前移动应用领域的新技术日新月异，如移动云计算技术、物联网、移动互联网、大数据和 Web 2.0 等，新技术的持续快速发展对企业信息化和管理经营模式都起到重要作用。新技术与企业移动信息化的结合将产生全新的应用模式、开发技术和特色应用。

本课题将对移动应用技术、尤其是企业级移动应用进行深入研究，对移动应用未来的发展方向，趋势进行分析，深化移动应用的创新进行理论研究和技术论证。同时结合企业的实际，分析移动应用新技术在经营管理、客户服务、企业营销、基建、物资管理和生产调度等业务领域的应用和趋势。

11.1.2 实施方案

1. 项目前期

项目前期主要进行三项分析工作，目标分析、现状分析和资料分析。为下一步的工作提供基础数据和依据。为完成本阶段工作，需要进行目标的分析、细化和层层分解，需要进行现状分析和研究，为调研和收集资料进行准备工作。

2. 项目中期

中期主要是经过 PDCA 戴明环反复循环，根据前期对项目的理解、制定调研计划、进行调研收资、分析验证、总结改进，加深对项目的理解，逐渐使目标清晰。

（1）实施环境调查

本项目的首要环节就是进行详细调研，通过对移动应用环境的详细调查，了解移动应用的实施环境，进而明确信息需求。实施环境调查涉及移动应用长远发展的目标策略、组织机构调整和业务流程重组，需要从决策层、管理层和一线工作人员进行。

项目调查的方法包括：调查会、访谈、发调查问卷和参加业务操作实践等，具体来说本项目的实施环境调查包括：组织机构调查、管理功能调查、业务流程调查、信息设备、信息网络及信息人员调查和信息资源共享及使用情况调查等。

（2）企业信息资源采集

信息资源采集主要是收集用户的需求，从企业内外输入、寻找、选择相关信息并加以聚合和集中的过程。需求收集的渠道分为内部渠道和外部渠道两种，内部渠道是指对企业内部的信息需求采集，外部渠道包括大众传播媒介、各种技术或政策发布的会议，用户反馈信息和网络资源等。

主要采取的原则如下。

- 主动性原则：采用现代化的信息采集技术和工具，有选择的采集所需求的信息，力求信息的时效性和及时性。
- 系统性原则：关注移动应用需求时间的连续性和空间的广泛性。
- 计划性原则：信息采集提前进行规划，有目的、有侧重、有组织、有安全和有选择的采集符合企业业务需求信息。
- 真实性原则：收集需求时注意通过比较、鉴别、萃取的方法和采集真实、可靠和完整的信息。
- 前瞻性原则：着眼于现在的信息需求，又要有一定的预见性，制定面向未来的信息采集计划以对将来发展有指导作用。

（3）企业信息资源整理分析

信息资源整理和分析是指将获得的原始信息进行筛选和判别、分类和排序等活动，使之成为系统化的、真实可靠的有效信息资源。

首先，建立需求主题库将企业活动中所需要的移动应用支持按其内在联系组织起来，将所有需求按逻辑关联性归纳为一个个的大类，辅以一些分析方法，形成若干个需求主题库。之后建立项目需求模型，建立需求模型分为建立概念需求模型和建立逻辑需求模型两类。最后，进行需求的客户确认工作。

3．项目后期

这一阶段进行项目的综合分析，根据项目目标，提交项目成果。

本项目的实施方法从实施方面可分为两大阶段：分析和评估、研究和开发，每个阶段都采用不同的研究和分析方法，总体的研究方法架构图如图11-1所示。

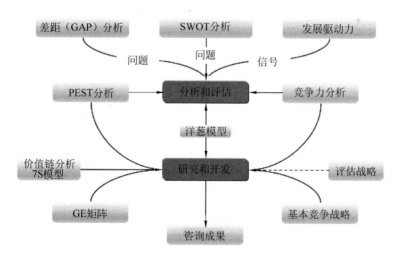

图 11-1　研究方法架构图

分析和评估过程中采用 SWOT 分析和差距（GAP）分析方法提出问题，分析移动应用信息化的发展驱动力因素。同时，采用 PEST 分析和竞争力分析方法进行二次汇总，为研究和开发阶段做准备。

研究和开发过程采用价值链分析、GE 矩阵、基本战略结合 PEST 分析和竞争力分析模型，进行分析，得出咨询成果。

（1）SWOT 分析

SWOT 分析法又称态势分析法，早在 20 世纪 80 年代初由旧金山大学的管理学教授提出来的，SWOT 分析法是一种能够较客观而准确地分析和研究集团企业现实情况的方法。SWOT 分析是把组织内外环境所形成的机会（Opportunities）、风险（Threats）、优势（Strengths）和劣势（Weaknesses）四个方面的情况，结合起来进行分析，以寻找制定适合组织实际情况的经营战略和策略的方法。

本项目将采用 SWOT 分析企业移动应用的现状，为近一步进行研究和开发移动应用的战略和实施规划提供基础数据。

（2）差距（GAP）分析

差距分析是指在战略实施的过程中，将客户实际业绩与战略期望的业绩进行对比分析，进行战略的评价与修订。

本项目将进行多个层面的对比分析，企业应用横向对比、与其他同行业公司的对比及移动应用相关大型企业的对比。通过分析，找出差距近而明确目标。

（3）发展驱动力分析

发展驱动力包括影响移动应用开发、实施和推广的各种因素，包括技术因素、政策因素和管理措施等多个方面。

（4）PEST 分析

PEST 分析是指宏观环境的分析，P 是政治（Political System）、E 是经济（Economic）、S 是社会（Social）、T 是技术（Technological）。在分析一个企业集团所处的背景的时候，通常是通过这四个因素来进行分析企业集团所面临的状况。

本项目采用 PEST 方法主要分析影响移动应用项目的各种因素，进行针对性的研究和分析，总结出影响项目的各类因素。

（5）价值链分析

价值链分析方法视企业为一系列的输入、转换与输出的活动序列集合，每个活动都有可能相对于最终产品产生增值行为，从而增强企业的竞争地位。企业通过信息技术和关键业务流程的优化是实现企业战略的关键。企业通过在价值链过程中灵活应用信息技术，发挥信息技术的使能作用、杠杆作用和乘数效应，可以增强企业的竞争能力。

本项目采用价值链的分析主要涉及企业移动应用场景的应用价值链分析，划分为规划、基建、调度、检修运行和营销等五个环节进行分析。

（6）GE 矩阵

GE 矩阵（GE Matrix/Mckinsey Matrix）法又称通用电器公司法、麦肯锡矩阵、九盒矩阵法和行业吸引力矩阵。在战略规划过程中，应用 GE 矩阵必须经历以下 5 个步骤，GE 矩阵可以用来根据事业单位在市场上的实力和所在市场的吸引力对这些事业单位进行评估，也可以表述一个公司的事业单位组合判断其强项和弱点。本项目采用 GE 矩阵进行分析企业的移动应用的竞争优势和市场吸引力进行分析。

11.2 第二步：调研材料分析

为了保证访谈内容的不丢失，调研人员对于访谈过程进行了全程录音，确保第一手的调研资料的完整。访谈完毕后，根据录音资料，对访谈内容进行整理和记录，对相关知识要点进行总结和延伸，对此后续访谈的过程进行调整和完善，确保访谈过程始终围绕移动信息化这个中心，在有限的时间内尽可能的挖掘多的建议和想法。

11.2.1 调研成果与四大目标

首先本项目组的调研内容和成果都紧扣企业信息化十二五规划。在企业十二五规划中明确提出要建设移动 OA、移动巡检、移动现场作业和移动销售等应用，而本项目在调研中也着重获取了相关资料并提出了相应的下一步工作设想。

其次，在路线图规划方面，本项目组建议先实现基础支撑层的虚拟化，并建设移动中间件平台，同时开展移动终端的选型工作。然后在此基础之上再进行现有系统的移动信息化改造。

再次，通过实施上述路线图，必然会对企业管理模式产生影响。如移动中间件平台使用以后，可消除信息孤岛，实现系统之间的互联互通，同一数据在不同系统之间反复录入的现象将消失，实现"一次录入、多处使用"。如移动 OA 上线以后，因领导出差导致的流程停滞就会消除，可实现即时办公，大幅缩短审批时间。如在农村地区实现远程集抄和移动支付之后，业务人员就不用上门服务了，提高工作效率，支持业务人员腾出时间处理更重要的事情。

最后，在移动应用和新技术的结合方面，我们设想是实现企业的私有云，第一步工作就是实现硬件的虚拟化，为将来实现私有云打下了坚实的基础。在移动物资系统中，需要与物联网相结合，通过移动终端和物联网，实现对物资信息的即时获取和远程控制。在移动营销中，将来实现精确营销，建议使用大数据技术，实现营销信息的精确推送和精确分析。

11.2.2 调研成果与五大体系

1. 管理体系："推陈出新，持续改善"

在管理体系上，与信息化之间的关系其实是相辅相成、相互促进的关系。管理理念好比大脑，信息化系统好比躯干，管理理念指导信息化系统运作，信息化系统反过来又促进管理理念的进一步发展。从"三全"管理思想（全员参与、全生命周期和全方位服务），到 PDCA 持续改善管理思想，再到追求"零"目标管理思想（信息管理零距离、人力资源零待岗、安全管理零事故、物资管理零浪费和质量管理零缺陷等），企业的管理体系不断完善、推陈出新、持续改善。

2. 技术体系："标准规范，逐层响应"

在技术体系上，建议在硬件层采用虚拟化技术，在平台层采用移动开发技术，在应用层采用单点登录技术。

3．应用体系："周密规划，逐步推进"

在应用体系上，企业需要建设的移动信息化系统包括：移动巡检系统和移动抢修系统、移动物资系统和移动支付系统、无纸化会议系统、企业微博和远程集抄系统等。还需要增加或开发一套支持移动开发应用的移动中间件平台。需要推广的系统包括：移动 OA 系统。

4．安全体系："四大威胁，分别应对"

在安全体系上，面临的安全威胁主要包括身份、设备、网络及数据四大方面。身份方面主要来自于用户身份合法性的确认，面临非授权用户访问以及用户身份冒充等威胁。设备方面主要是面临非授权设备和不合规设备带来的安全威胁。网络安全面临的威胁与传统网络安全类似，主要是面临网络窃听和常见网络攻击等风险。数据方面则是要防止恶意软件窃密、设备丢失和合法用户主动泄密等带来的数据泄密风险。应对措施包括加密算法、多层认证和数据集中在服务端等方式。

5．数据体系："统一编码，普遍使用"

在数据体系上，后续建设的移动信息化系统和平台必须遵守企业统一的编码规范，从事前、事中、事后三个方面进行防护，避免数据不一致的情况发生。

11.2.3 调研成果与三大层次

1．基础支撑层

通过调研，我们建议在基础支撑层构建虚拟化。虚拟化就是将服务器物理资源抽象成逻辑资源，让一台服务器变成几台甚至上百台相互隔离的虚拟服务器，我们不再受限于物理上的界限，而是让 CPU、内存、磁盘和 I/O 等硬件变成可以动态管理的"资源池"，从而提高资源的利用率，简化系统管理，实现信息中心的服务器整合，使之对企业业务的变化更具适应力。

2. 平台支撑层

通过调研，项目组的设计是在平台支撑层使用移动中间件平台。移动中间件平台是位于硬件、操作系统和应用之间的通用服务，配套有开发工具、语言、接口及管理维护界面。使用移动中间件平台，开发者可以在 2~3 周内完成一个业务系统的移动化，并且只需要开发一次，系统会自动创建出可以在各个手机平台上运行的软件包，并可以实现多个系统的集成功能。

3. 通用应用层

通用应用层包括移动 OA、无纸化会议系统和终端选型等。

（1）移动 OA 系统

通过在各个局的调研，项目组得知各个局的管理层对移动办公需求较为迫切。现在通过 VPN 的方式登录系统不方便，速度比较慢。需要认真考虑安全问题，防止数据泄露。

关于移动终端接入企业内网。建议采用虚拟化+移动中间件+单点登录+多层认证的方式。虚拟化的好处是使得用户登录系统速度比较快，单点登录的好处是一次登录，多种应用。移动中间件的好处是可以集成多个系统，并支持移动应用，还支持移动应用的开发。多层认证可以保证安全。

移动端访问 OA 系统的步骤是：

- ❑ 移动终端先通过多层认证，如验证设备 ID、短信认证和身份认证等。
- ❑ 进入企业门户，输入用户名密码。
- ❑ 单击打开移动 OA 的图标，访问 OA 系统。

这样实现的好处是访问速度比较快，可以消除信息孤岛，实现系统集成。

（2）无纸化会议系统

无纸化会议系统的现状是大部分局还未实施无纸化会议系统，只有少数局的系统已经上线，但担心保密问题。我们建议会议系统的服务器就放在企业信息中心，保证了安全性。同时增强会议系统的功能，包括机构管理、设备管理、会议管理、签到管理和投票管理等。

（3）移动终端

移动终端相当费电，待机时间长，强光下看不清屏幕，低温雨雪天气无法进行野外工作。针对以上问题，设想使用下列技术来解决：

- 把移动终端屏幕设计成半透型，就可以把外界的光线发射回去，在强光下面不开背光都可以看清。
- 使用大容量可拆卸锂离子电池，可以长时间续航。
- 使用抗冻抗凝露元器件，增强移动终端抗冻能力。

移动终端中用到的"沙盒"技术与主动防御技术原理截然不同。主动防御是发现程序有可疑行为时立即拦截并终止运行。"沙盒"技术则是发现可疑行为后让程序继续运行，当发现的确是病毒时才会终止。"沙盒"技术的实践运用流程是：让疑似病毒文件的可疑行为在虚拟的"沙盒"里充分表演，"沙盒"会记下它的每一个动作；当疑似病毒充分暴露了其病毒属性后，"沙盒"就会执行"回滚"机制：将病毒的痕迹和动作抹去，恢复系统到正常状态。

因为硬隔离就是分两部手机或移动 PAD，一部公用，一部私用。软隔离就是在一部手机上采用沙盒技术，既可以公用，又可以私用，互不干扰。但缺点是离职的话，需要初始化手机。不过软隔离是移动信息化未来的发展趋势。

11.2.4　调研成果与三大趋势

1．移动信息系统应用方面的发展趋势

（1）在广度上移动信息系统将覆盖整个企业；
（2）在深度上移动信息系统将向智能化方面发展；
（3）集成化、智能化和移动化的信息系统将不断涌现。

2．在移动信息技术方面的发展趋势

（1）将广泛采用云计算技术；
（2）将广泛使用物联网技术及移动作业技术；

（3）将发展以大数据技术为核心的精准营销业务。

3．在信息化管理方面的发展趋势

（1）企业管理思想走向现代化；

（2）信息化管理存在从数据管理向知识管理的发展趋势；

（3）信息技术的发展必将推动信息管理的创新和发展。

11.3 第三步：咨询报告撰写

咨询报告总体分为战略部分、规划部分和实施部分。其中战略部分从企业的移动信息化现状分析、企业内外部环境分析（运用了 PEST 分析、SWOT 分析和 VRIO 框架等分析方法）、战略选择、移动信息化战略（战略愿景、战略目标、战略范围、战略举措和保障措施等）几个方面按顺序进行了分析并给出了结论——该企业的移动信息化战略是什么。

规划部分从移动中间件规划、移动应用规划、移动网络规划、移动硬件规划和保障体系规划等几个方面进行了详细的分析。实施部分着重从实施环境分析、实施步骤和实施影响等几个方面对实施的各个环节及产生的影响进行了说明和分析。下面以某移动信息化在大型企业中的规划案例来进行实战咨询报告撰写的演练。

11.3.1 战略部分内容

1．战略分析

1）外部环境分析

企业外部环境分析往往是识别和评价现在及未来影响企业的政治因素（P）、经济因素（E）、社会因素（S）和技术因素（T）等，即 PEST 分析。

（1）政治因素分析

2012年7月2日，国务院国有资产监督管理委员会发布《关于加强"十二五"时期中央企业信息化工作的指导意见》，该文件指出信息化工作的五个要点，即加强信息化顶层设计、加强信息系统的建设和应用、加强信息化建设基础、提高信息安全保障能力和提高信息系统运营水平。到"十二五"末，实现所属各级单位全部接入企业内部信息网络，利用先进适用技术，提高软硬件资源利用效率和数据处理能力。所以从国家政策层面上看，国家对于大型央企先进信息技术和顶层设计工作还是大力支持的。

（2）经济因素分析

我国当前的经济增速放缓，所以在制定移动信息化战略的时候，不能盲目求全求大，而是应该"好钢用在刀刃上"，在提高质量和效率上下工夫。

（3）社会因素分析

- 移动终端普及率不断提高，推动了移动信息化发展；
- 社会受过高等教育的人数逐渐增多，也为移动信息化的发展和普及奠定了良好的基础；
- 经过改革开放以来30多年的经济发展，人们生活水平的提高很快，更加具有个性化特征，更加注重精神享受。

因此我们制定移动信息化战略时需要符合个性化的潮流和趋势。

（4）技术因素分析

当今社会，信息技术发展一日千里。4G、云计算、物联网、大数据、第二代移动中间件平台和移动设备硬件等的快速发展都对某大型企业移动信息化战略的制定和应用范围产生了深远的影响。

2）内部环境分析

通过对该企业移动信息化的 SWOT 分析，可以得出如果想更好的发展移动信息化，必须抓住机会（国内外高科技浪潮，移动信息化在一些行业实施的成功经验等）、发挥优势（拥有实验性研究工作经验，领导支持等）、规避风险（经济增速放缓，移动信号覆盖不够等）和弥补劣势（人才不够，经验不足等），如表11.1所示。

表 11.1 移动信息化在某大型企业中的SWOT分析表

	优势 Strength	劣势 Weakness
	1. 某大型企业已开展移动信息化相关研究工作； 2. 某大型企业领导支持移动信息化； 3. 有内部 IT 企业技术支持移动信息化工作开展； 4. 有信息中心在技术上支持移动信息化工作的开展	1. 某大型企业内部移动信息化人才不够多； 2. 某大型企业内部培训手段不够先进； 3. 现在某大型企业还只有失败的移动信息化经验，没有成功经验（如移动巡检）； 4. 某大型企业在农村地区移动信息化建设落后
机会 Opportunities	SO	WO
1. 国内外高科技发展浪潮 2. 移动信息化技术相对成熟 3. 移动信息化已在一些行业有成功实施经验 4. 行业持续景气	1. 充分吸收国内外先进的移动信息化成功经验，新技术来开展某大型企业移动信息化工作； 2. 发挥相关企业技术优势，开展技术交流，积极推进移动信息化相关事宜	1. 高标准招募移动信息化相关技术人才，管理人才； 2. 建设一批移动信息系统，满足某大型企业各部门需求； 3. 结合国内外先进经验，积极推进相关领域移动信息化建设
风险 Thread	ST	WT
1. 我国经济增速放缓； 2. 山区多，移动信号覆盖不够； 3. 企业高层对移动信息化暂无明确定位	1. 积极和运营商协商，增加移动信号覆盖范围； 2. 积极筹措移动信息化建设相关资金； 3. 推动高层制定移动信息化战略	1. 构建移动信息化专家队伍； 2. 建设一批移动信息系统，以满足某大型企业需求； 3. 积极推动某大型企业移动信号扩大覆盖范围

3）价值链分析

哈佛大学商学院教授迈克尔·波特于1985年提出"价值链分析"的概念，波特认为，"每一个企业都是在设计、生产、销售、发送和辅助其产品的过程中进行种种活动的集合体。所有这些活动可以用一个价值链来表明。"企业的价值创造是通过一系列活动构成的，这些活动可分为基本活动和辅助活动两类，基本活动包括内部后勤、生产作业、外部后勤、市场和销售、服务等；而辅助活动则包括采购、技术开发、人力资源管理和企业基础设施等。这些互不相同但又相互关联的生产经营活动，构成了一个创造价值的动态过程，即价值链，如图 11-2 所示。

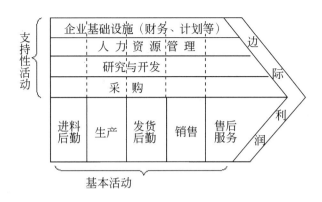

图 11-2　价值链分析图

移动信息化对该大型企业价值链各方面的活动均造成影响，既包括基本活动也包括支持性活动。

（1）物资

①配送计划：在移动应用上面与 ERP 系统集成，实现配送任务的同步下发与反馈；配送任务通过任务管理自动下发到配送人员的移动终端；配送人员及时反馈任务接收情况。

②配送执行：将需要配送的物资在装载过程中，注意扫描录入系统，完成实体物资与配送单的核对；配送路线的规划与导航；配送结束上传确认单并调整个人配送任务。

③现场交接管理：实现 ERP 发货通知单、配送单的现场查看与下载；通过移动终端条码扫描技术对物资进行记录，同时可以采用拍照、录像等对物资进行备注说明；交接结束上传交接确认单。

④现场验收入库管理：在项目现场通过移动终端扫描或录入交接单号，查询验收单；核对物料编码，录入交接数量、交接签字和日期等信息；验收完的物资打印物资编码进行库内存储。

⑤现场出库管理：在移动终端接收出库任务，下载并查看出库单等出库信息，扫描记录出库物资，更新物资存储信息，如表 11.2 所示。

表 11.2　物资领域移动信息化前后对比表

	移动信息化之前	移动信息化之后
配送计划	以前是开班组会议时，下达配送计划，配送任务，效率低，时间长	信息统一下发移动端，配送人员可以及时获取配送计划，提高工作效率
配送执行	配送执行中，核对过程时间长且效率低，缺乏导航工具	核对过程用时大概就几秒，且移动端支持导航，可以快速准确到达目的地
现场交接管理	手工交接时间长，而且容易出错	使用移动端参与交接之后，许多费时的工作都简化了，变轻松了
现场入库管理	手工入库时间长，且容易出错	许多核对工作轻轻一扫描就行了，工作量大幅减轻，移动端同时支持打印
现场出库管理	手工出库时间长，且容易出错	使用移动端参与交接之后，许多费时的工作都简化了，变轻松了

（2）基建

移动评标：通过移动端评标的方式进行电子评标，把纸质版标书变成电子版，方便专家阅读和提出修改意见及评审意见，如表 11.3 所示。

表 11.3　基建领域移动信息化前后对比表

	移动信息化之前	移动信息化之后
评标	以前翻阅大量纸质标书，还要开会讨论，费时费力	使用移动信息化之后，在移动端查看电子版即可，方便查阅方便开会讨论，以前 1 天的工作现在 0.5 天即可完成

（3）生产

①移动巡检：通过移动应用完成执行巡视任务前后的所有管理业务，包括巡视任务的接收和巡视记录登记；通过移动终端对巡视中发现的缺陷及外部隐患进行就地登记。

②移动抢修：对于一般故障，通过移动终端进行故障抢修信息的登记；对于重大应急抢修事件，通过移动终端对故障处置过程进行分析，并出具故障抢修报告；通过移动应用对各类抢修任务定义任务优先级与难度等级；根据各种抢修调度策略，自动推荐匹配的抢修队伍，接受任务后定时规划导航路径；提供设备单线图查询下载功能和专家远程视频支持功能，如表 11.4 所示。

表 11.4　生产领域移动信息化前后对比表

	移动信息化之前	移动信息化之后
巡检	人工记录巡检情况，无法实时回传信息	在移动端记录巡检情况，可以实时回传信息并获取视频或语音的技术支持
抢修	人工记录抢修情况，无法实时回传信息，无法及时获取专家技术支持	对于重大应急抢修事件，通过移动终端对故障处置过程进行分析，并出具故障抢修报告；根据各种抢修调度策略，自动推荐匹配的抢修队伍；提供设备单线图查询下载功能和专家远程视频支持功能

（4）营销

①业扩报装：实现现场业务受理，完成现场勘查、供电方案、业务收费、合同签订、合同续签、合同终止、中间检查、竣工报验、竣工验收、装表接电、现场拆表和客户回访等流程环节，并实时上传数据。

②用电信息采集：通过移动终端开展现场勘查、应急参数下发、现场安装、现场拆除、现场更换、现场迁移、现场调试、现场检修、现场消缺和现场巡视等现场作业，数据自动同步至业务系统，如表 11.5 所示。

表 11.5　营销领域移动信息化前后对比表

	移动信息化之前	移动信息化之后
业扩报装	在现场的记录信息无法及时回传总部，总部无法给予技术支持	现场信息及时回传总部，总部可以及时给予技术支持
用电信息采集	用电信息采集后无法及时回传，数据无法同步至业务系统	用电信息采集后及时回传，数据自动同步至业务系统

（5）办公

移动办公：通过原有 OA 系统的移动化改造，实现任何时间，任何地点，可以处理任何 OA 事务，如表 11.6 所示。

表 11.6　办公领域移动信息化前后对比表

	移动信息化之前	移动信息化之后
办公	出差办公不方便、效率低、效果差	即使出差在外地，也可以通过移动 OA 高效办公，跟在公司一样

（6）人资

①移动培训：提供线上及线下教培方式的移动端支持，并提供更丰富的教培方式，

通过移动终端实现培训资料共享与下载,查看培训课程,通过视频传输或者课件浏览实现线上课程学习,并为线下实体培训提供移动平台辅助,延伸教培覆盖及扩展教培方式。

②移动考勤:为员工提供考勤统计服务,利用移动终端 GPS 定位服务捕获位置数据,员工在特定时间向移动考勤系统发送个人位置信息,从而实现外出员工的考勤统计,由系统根据员工外出申请对员工发送的位置信息进行核对,完成考勤确认,如表 11.7 所示。

表 11.7 人资领域移动信息化前后对比表

	移动信息化之前	移动信息化之后
培训	之前一般都是采取教室培训的方式,虽然也采用了信息化手段,但是学员积极性不高,效果不佳	使用移动信息化之后,可以在线上跟随老师的进度进行学习;在线下也可以把资料下载下来,利用碎片时间自由学习,如地铁上或公交上。学员的积极性和参与性大幅提高
考勤	以前对外出员工的考勤一般多为人工考勤	使用移动信息化之后,考勤工作量大幅减轻,准确性大幅提高

(7)财务

①移动资产盘点:提供资产的登记录入和核对检查,实时反馈盘点进度便于对固定资产进行管理,实现资产清查及资产全生命周期管理,利用 RFID 信息介质,对固定资产管理进行全程跟踪,全程通过电子化手段,缩短盘点作业时间,减少数据人工重复录入和数据差错,提升资产盘点工作效率。

②报销移动查询:提供报销进程的实时跟踪,并获得报销进度的实时反馈,通过移动终端实时查询员工当前报销进度,如表 11.8 所示。

表 11.8 财务领域移动信息化前后对比表

	移动信息化之前	移动信息化之后
资产盘点	多采用人工盘点、费时费力且不准确	高效、便捷,原来 1 天的资产盘点工作,现在 1 个小时即可完成
报销查询	实时性差,不能实时获取报销信息	可以实时准确获取报销信息

2. 战略选择

战略选择一般运用 SWOT 模型。根据该选择模型,一般有四种战略类型:扭转型战略（有机会，但企业无优势）、进攻型战略（有机会，有优势）、防御型战略（无机会，无优势）和多样型战略（有优势，但缺少机会）。随着企业内外部环境的变化，战略随之产生变化，如表 11.9 所示。

表 11.9　战略类型表

战略类型	战略内容	评估结果
扭转型战略（有机会，但无优势）	2020 年，该大型企业成为中国能源行业领先的移动信息化标杆企业	符合实际，现在有机会，但无优势
进攻型战略（有机会，有优势）	2020 年，该大型企业成为国际领先的移动信息化能源企业	不符合实际
防御型战略（无机会，无优势）	2020 年，该大型企业建设几个重点移动系统	不符合实际
多样型战略（有优势，但缺少机会）	2020 年，该大型企业移动系统基本覆盖各业务部门	不符合实际

3．移动信息化战略

移动信息化战略包括愿景、使命、战略目标、具体内容、战略举措、战略重点和保障措施。从愿景到保障措施，是一个层层落地的关系，从一个从宏观到具体的过程。战略具体内容本书未提供，但是提供了详细的思路，供读者参考。

【愿景】未来的某大型企业人可以在任何时间、任何地点完成任何工作（3A）。

【使命】使移动信息化为某大型企业实现企业发展、运营变革，加快实施"走出去"战略提供强大助力。

【战略目标】到 2020 年，某大型企业成为中国能源行业领先的移动信息化标杆企业。

【具体内容】

（1）根据某大型企业各部门需求，构建满足需求的移动信息系统

当今移动信息化浪潮之下，绝大多数企业都认为，移动信息化是未来的变革手段，是将来信息化的发展方向。某大型企业顺应了这一趋势，加快某大型企业移动信息化发展步伐。根据生产部门及营销部门等部门的实际业务需求，需要构建一批经济实用的移动信息系统。

（2）保证使用的技术在能源行业具有先进性和前瞻性

只有保持了一定的先进性，才能帮助某大型企业成为中国能源行业领先的移动信

息化标杆企业。比如在选择移动中间件平台的时候，建议选择成熟的第二代移动中间件平台。当前广泛使用的新技术如云计算、物联网和大数据等也应该与移动技术综合使用，最大程度发挥新技术的效力。

（3）构建灵活的信息化管理机制

为了更好的适应移动信息化工作的开展，需要构建灵活的信息化管理机制，使之既能有利于开展一般信息化建设，又能有利于开展移动信息化建设。移动信息化的特点是自由、快捷及个性，新的管理机制需要把这些新的特点纳入其中。

（4）不断丰富某大型企业的企业文化

随着移动信息化工作的不断深入，一些新的理念，思想逐渐深入人心，比如BYOD、个性化及工作时间自由安排等等。但是在推行这些新的企业文化的同时，如何保障公司的原有纪律，如何保障公司的信息安全，是否真正有利于促进公司的工作效率。这些都是在推行企业新文化的过程中需要注意思考和解决的问题。

【战略举措】

（1）根据战略实施的需求，适当调整某大型企业组织机构，使之适合移动信息化工作开展。

（2）根据战略实施的需求，进行人事安排，确定实施战略相关负责人和实施者。

（3）根据某大型企业移动信息化总战略，各职能部门分别制定其职能型战略，并由公司和战略经营单位协调。

（4）根据某大型企业移动信息化总战略和各部门的实际需求，建设移动中间件平台和各部门的移动信息系统（包括移动作业、移动培训和移动OA等）并形成有效的移动安全保障机制。

（5）在各职能部门的计划或预算中体现各项目标和战略，并按计划和预算执行。

（6）不断完善某大型企业文化，使之与移动信息化战略相互促进。

（7）完善激励制度和约束机制，形成良好的奖惩制度和有效的制约制度。

（8）制定完善的战略反馈修正机制，保证可以根据实际情况修订原定的战略。

（9）战略实施的关键在于加强组织领导和指导工作。

【战略重点】

（1）推进平台领域的移动信息化

信息平台是信息系统构建的基础，在信息系统建设中，占有头等重要的地位。而最新的第二代移动中间件平台经过近些年的发展，各项功能愈加丰富，不仅适合快速开发移动信息系统，也支持管理大量移动信息系统。所以，建议某大型企业大规模建设移动信息系统之前，需要选好移动中间件平台，这样才能磨刀不误砍柴工。

（2）推进作业领域的移动信息化

在企业的各项工作中，野外作业是一项很常见又很重要的工作，某大型企业的一些地市局在2006年的时候也对移动作业做了一些尝试，但是效果不佳，主要是信号网络覆盖不够及移动设备问题较多等问题。但是现在随着4G的推广，智能机和平板电脑的出现，一些问题不复存在，再一次解决移动作业问题的时机已经到来。

（3）推进支付领域的移动信息化

如何推行农网的信息化建设，是关于某大型企业核心竞争力的问题，而农网信息化建设碰到的最难问题之一，就包括如何快速支付电费，而移动支付恰好可以解决这个难题。所以在农网支付领域，建议大力推广移动支付。

（4）推进营销领域的移动信息化

营销领域是企业非常重要的核心领域，营销领域在一些涉及现场工作的地方，都可以推行移动信息系统，如业扩报装里的现场勘探、售后服务中的移动接收任务和移动抢修等。通过在营销领域推广移动信息系统，必将促使营销领域生产效率大幅提高。

（5）推进培训领域的移动信息化

培训领域很重要，是培养企业人才的基地。如何调动员工参与培训的积极性，是一个值得研究的问题。而移动培训恰恰提供了这样一个契机，能够有效调动员工培训积极性，增加了趣味性。既可以在线参与同步培训，也可以在线下利用碎片时间进行学习，提高了学习效率，增强了培训效果。

（6）构建移动信息化的安全体系

移动信息化已经成为一股浪潮，而移动安全是个大问题。现在离线VDI技术很适合构建移动安全体系，移动端只负责输入输出和界面显示，不参与任何计算和应用，而由数据中心统一负责集中处理。这样一来，就相当于竖起一堵干净的围墙，将直接在硬件上运行的个人环境与在虚拟机上运行的企业环境隔离开来。

（7）推行包含移动信息化特点的新的管理机制

移动信息化最大的特点是自由,不仅仅在空间上自由,而且在时间上也是自由的。比如 BYOD 或者公司统一下发移动设备,员工可以使用自己的移动设备进行办公,这样一来是不是一定要在公司办公就变得不那么重要了。重要的是能够高质量高效率地完成工作任务。所以设想公司可以采取弹性工作制、完善激励制度和约束机制,在考核员工的工作效果上下工夫,而弱化对员工考勤的考核。

【保障措施】

(1) 制定移动信息化应用规范和技术标准

在信息化领域中,应用规范和技术标准是非常重要的,是信息化工作开展的基石,而当前某大型企业缺乏相关的移动信息化应用标准和技术规范,所以相关标准和规范的制定工作就显得尤为重要。如设备选型管理规范、安全接入管理规范、现场作业应用规范、应用平台开发规范等,只有制定并完善了相关标准和规范,移动信息化工作才能更好地展开。

(2) 发展壮大某大型企业移动信息化人才队伍

信息化工作是智力密集型工作,人才是信息化工作兴旺之本,这一点在移动信息化工作的开展中同样适用。当前某大型企业移动信息化人才和其他先进企业相比,还不是很多。所以需要打造一支技术水平高,熟悉企业业务的稳定的移动信息化专家队伍。依靠这支队伍制定移动信息化相关标准,推动移动信息化工作开展,解决前进道路中碰到的问题。如何吸引好,管理好移动信息化人才,是某大型企业当前迫切的问题。

(3) 加强与其他先进企业在移动信息化方面的交流

个人力量总是有限的,而集体的力量是无穷的,通过向他人学习,快速提高自己,无疑是上升的一条捷径。虽然某大型企业当前移动信息化水平不高,但是只要树立虚心向先进企业学习的决心,端正态度,多开展一些移动技术交流活动,多向国际国内移动信息化先进企业取经,从而找到一条符合自身发展的道路。相信在不久的将来,某大型企业必将实现自己的移动信息化战略目标。

(4) 完善某大型企业移动信息化推进体制

切实加强领导,相关工作的开展和推进都需要经过移动信息化领导小组的审定,逐步建立分工合理,责任清晰的移动信息化推进协调机制。各部门需要深刻领会某大型企业移动信息化战略精神，因地制宜制定本部门的移动信息化战略，建立并完善移动信息化工作绩效考核办法，使移动信息系统能够真正提高部门工作效率，将部门战略融入到总体战略中来，形成合力增强某大型企业的综合实力。

4．战略实施与控制

企业的移动信息化战略确定之后，并不是一成不变的，而是随着实际情况的变化而不断调整的。在实施过程中需要注意解决企业文化、组织结构、财务预算、研发管理和人力资源等碰到的各种问题，并且要将问题实时反馈。加强战略控制和战略重构，只有这样，才能保证战略的持续正确和易于落地。

11.3.2 规划部分内容

规划部分主要包括规划总体目标、移动信息化总体规划、移动中间件平台建设、移动安全防护体系建设、移动应用建设、移动硬件网络体系建设和管理保障体系建设。

1．规划总体目标

移动信息化规划是在企业业务及信息化基础之上，构建未来适用于企业的移动信息化应用场景及蓝图，并以此为基础，对移动信息化相关的领域进行全面规划，确保移动信息化在企业内部落地实施，如图11-3所示。

为保证移动信息化应用场景在企业内部的实现，企业移动信息主要目标包括如下内容。

（1）在现有内外部环境条件的基础上，全面、合理规划移动信息化建设的范围及内容；突出重点领域，有计划、分层次进行建设；并为未来移动信息化升级及扩展预留空间。

（2）构建完善、实用的营销、资产、财务、人力资源、协同办公和综合管理等领域的移动应用,切实满足企业内部员工及外部用户移动应用需求,转变及提升企业管理及服务方式,并通过移动应用系统间、移动应用与已有信息化系统间不同层次的系统集成,优化升级企业信息化应用水平。

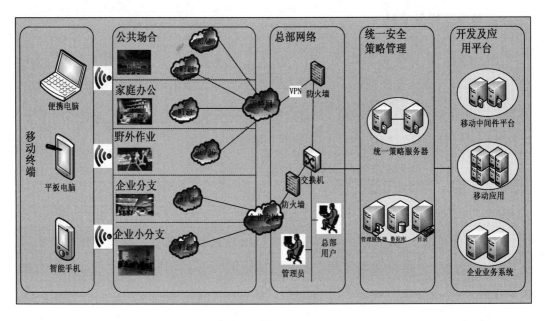

图 11-3　未来移动信息化在企业内部的应用场景

（3）构建移动应用平台,完善平台在应用开发、运维监控、安全防护和系统集成等方面的功能,在支持未来移动应用可靠、方便开发和部署的基础上,实现对移动应用及终端的监控、防护及运维支撑等功能。

（4）在企业服务保障体系下,针对移动信息化的特点,对移动信息化安全防护、移动信息化建设及移动信息化运维等标准规范进行针对性的补充和完善,在遵从企业已有的标准规范的前提下,确保未来移动信息化建设与已有信息化的融合;在企业已有的管控流程下,明确未来一段时期内移动信息化工作的内容与重心,确保移动信息化建设能与企业信息化建设的水平及步伐协同一致。

（5）跟踪未来新技术对移动信息化的影响，分析未来新技术对移动信息化的影响分析。

2．移动信息化总体规划

企业移动信息化以总部信息化规划框架为基础，结合企业现有的信息化状况，在充分认识移动信息化的特点以及企业在移动信息化差距的基础上，开展总体设计。移动信息化总体架构设计及各部分主要内容如图11-4所示。

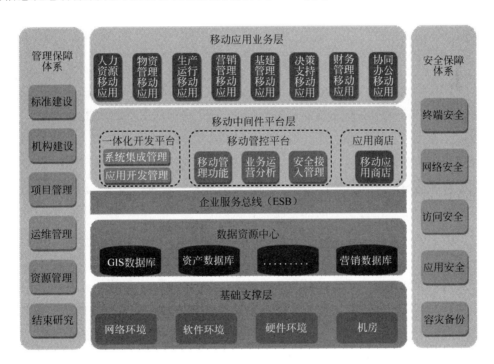

图11-4　企业移动信息化总体架构图

企业移动信息化总体架构主要分为以下几方面。

（1）移动中间件平台层是为移动信息化各用户提供基础服务的支撑平台。主要分为面向应用开发人员的统一开发平台，向开发技术人员提供应用的开发、调试、打包和发布服务，满足应用跨平台及系统集成的要求；移动管控平台主要向移动信息化管理人员移动管理、安全接入管理及业务运营分析等功能，满足企业对移动应用管理、移动终端管理、安全管理及系统运维、服务保障等功能的需要，是企业移动信息化的控制中心，维系着整个移动信息化的安全与稳定；移动应用商店主要是面向企业移动信息化的一般用户，主要满足用户对移动应用的下载、更新，是面向企业一般用户同时提供应用服务窗口。

（2）移动业务应用层包括企业各业务领域的移动应用，包括人资移动应用、财务移动应用、资产移动应用、营销移动应用、协同办公移动应用及决策支持系统移动应用，这些移动应用构成整个企业的移动应用体系。其质量好坏直接决定着企业移动信息化工程的成败。

（3）安全防护体系外网防护、终端防护、安全接入、内外网交互和内网防护，为企业移动信息化提供统一的安全策略及解决方案，全方位保障移动业务应用的应用安全、网络安全、访问安全及终端安全等。

（4）保障体系包括标准规范、组织结构建设、项目管理、运维管理、资源管理、技术研究和人才队伍建设等，在应用平台、移动应用系统以及安全防护体系之外构建适合企业实际情况的工作流程、规范，确保移动信息化建设、实施、运维各环节能高效、统一，移动信息化各个组成部分能够有机结合。

（5）基础支撑层在最低层，主要提供一些基础服务，如移动网络网络、软硬件环境和机房等，基础支撑层（如网速和服务器 CPU 速度等）直接决定着企业移动信息化建设的效果。数据资源中心主要是企业所具有的数据资源，为移动信息化系统应用提供必要的数据资源，并通过企业服务总线与移动信息化系统发生数据交互。基础支撑层与数据资源中心主要依据企业现有的资源，在符合企业信息化规划的前提下，只根据移动信息化的具体要求进行调整和完善。

3. 移动中间件平台建设

移动中间件平台软件架构分为服务端和客户端。服务端（主要服务于开发和管理）主要包括设备管理、应用管理、安全管理、运营支持、集成服务和基础能力服务等功能。另外服务端还支持移动开发和门户管理等。客户端主要包括设备管理、安全管理、推送服务和统计服务等功能,还配有 UI 组件、本地数据库、JS 引擎等本地组件。

移动中间件平台从移动信息化全生命周期管理的角度出发,服务于移动应用的开发、集成、发布、管理和运维等环节,为企业移动信息化建设提供技术平台支持,为移动信息化管理人员提供管理控制平台,为企业移动信息化用户提供服务平台。移动中间件平台层需满足以下几个功能:移动管理功能、业务集成功能、引擎开发功能和业务运维支撑功能,如图 11-5 所示。

图 11-5　移动中间件平台架构图

移动中间件平台的建设重点在移动应用的开发和管理上,下面分别加以阐述。

(1)移动应用的开发

基于移动中间件平台的移动应用开发,可以在移动开发上起到事半功倍的效果。首先,移动应用引擎支持 Hybrid App 的开发和运行。并且着重解决了基于 HTML5 的移动应用目前"不流畅"和"体验差"的问题。使移动应用引擎提供的 Native 交互能力,可以让 HTML5 开发的移动应用基本接近 Native App 的体验。其次,平台专为开发者提供的全方位的集成调试环境,开发者无需安装复杂的原生开发环境便可快速的构建本地应用。

(2) 移动应用的管理

基于移动中间件平台的移动应用管理,可以让移动应用管理人员轻松高效地完成管理工作。首先,支持移动应用的安全管理,就相当于给移动应用增添了一把锁,有效地保障了移动应用的使用安全。其次,支持移动应用的应用管理,全面监管移动应用的发布、安装、卸载和更新等一系列状态,使管理人员做到对移动应用的使用状态了然于胸。再次,支持移动应用的设备管理,相当于增添一个 MDM 系统,能够对移动设备的登记、锁定和擦除等状态有效管理。最后,还支持对移动应用的监测分析,从宏观数据中实时掌握产品表现,准确洞察用户行为。

第一阶段:移动中间件评估选型阶段(1 年~2 年)

在本阶段企业需要完成移动中间件平台的构建,探索出性价比高,功能强大,且适合于企业自身发展需要的一款移动中间件产品,反复测试移动中间件平台的功能和性能,使之能够和企业的各项移动应用一起发挥出良好的效果,满足企业的实际业务需要。

第二阶段:移动中间件平台优化升级阶段(2 年~5 年)

在本阶段企业需要着眼长远,了解移动中间件平台的发展趋势,对现有平台优化升级,使之不仅能符合现在的需求,还能满足未来的需要。

4. 移动安全防护体系建设

企业移动信息化安全防护体系规划主要从技术与管理两方面实现。依据移动信息化未来在企业内的应用场景,安全防护技术体系主要从移动终端安全管理、安全接入及管控平台监控三方面进行规划。安全管理体系主要是在某大型能源企业现有的安全管理规范基础上对相关内容针对性的进行补充完善,如图 11-6 所示。

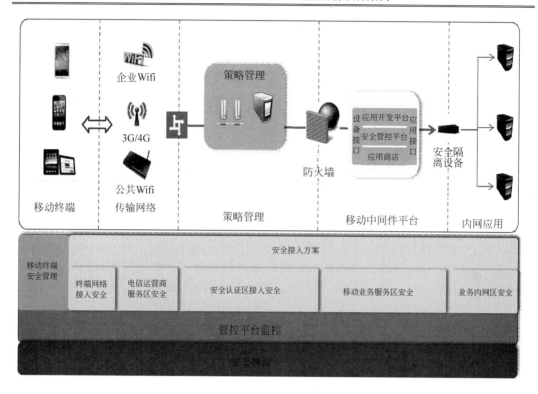

图 11-6　企业移动安全体系图

安全防护重在移动安全,规划内容包括以下几点。

(1) 基于环境感知的网络接入控制

随着企业移动应用的不断增多,用户人数与业务领域越来越宽泛、越来越复杂。企业在移动安全领域应重视基于环境感知的网络接入控制研究。通过基于设备、角色、场所、时间和接入方式的环境感知,智能启动与设备环境相适应的安全模块,实现精确的网络访问控制。

(2) 保护移动通信的安全

所有移动设备通信都应该进行加密,因为无线通信非常容易被拦截和窥探。建议移动设备和企业的任何通信都应该使用 vpn 来进行访问。vpn 不仅包含强大的加密功能,还能提供日志记录、管理和身份验证。

(3) 需要强有力的身份验证,使用密码控制很多现代移动设备包含本地安全选项,除了简单的账号和密码,移动设备应该采用多种形式的身份验证来确保移动设备不会自动获取访问重要信息和系统的权限。同样地,企业应该要求用户启用并使用密码来访问其移动设备,企业应该考虑数据丢失和泄漏的风险。

(4)研究虚拟化技术在移动终端安全中的应用

移动终端是企业移动安全防护管控的薄弱环节,特别是随着后期个人终端在企业移动应用中的普及,对移动终端的管控难度增大。研究利用虚拟化将物理上的一台终端在逻辑上分为处理工作信息和用于其他功能的多台相互独立的虚拟计算机,并且对针对处理工作信息的虚拟计算机进行特别保护,提高移动终端的安全性。

(5)定期进行移动安全审计和渗透测试

每年至少一次,企业应该聘请有信誉的安全测试公司来审计其移动安全,并对他们使用的移动设备进行渗透测试。聘请专业人士按照攻击者的方式来测试你的移动安全,将能够保护自己免受攻击者可能带来的各种威胁。

第一阶段:初步构建移动安全防护体系(1年~2年)

初步构建移动安全防护体系。本阶段企业需要按照规划的5个过程,7大安全措施来初步构建移动安全防护体系,为移动应用搭建起安全屏障。

第二阶段:优化完善移动安全防护体系(3年~5年)

本阶段企业应该了解并顺应移动安全防护体系的发展趋势,根据形势的发展,不断更新移动安全防护体系,确保防护体系适应企业整个移动信息化的发展趋势。

5. 移动应用建设

移动信息化应用的规划建设需满足企业移动信息化战略的要求,即应用价值明确,能完善提升企业现有的信息化水平,对企业核心竞争力形成支撑作用。因此,企业移动信息化系统的总体规划设计需求基于以下几点:

(1)总体上基于企业现有的信息化系统流程或者信息化系统规划

移动信息化不是对原有信息化系统的替换,而是对原有信息化系统的补充与完善。在企业建设了较完备信息系统情况下,移动信息化未来须与已有信息化系统在应用、流程以及数据上实现有效集成,因此移动信息化必须在已有信息化系统的基础上进行规划,确保移动信息化未来与信息化系统有效融合。

(2) 基于对企业已有的移动信息化的完善

企业内部已经进行了部分移动信息化系统的研究及建设工作，应用系统建设虽有待完善之处，但说明该类系统在企业内部确实有较广阔的推广应用前景，能极大满足用户的工作需求，后期要做的就是将此类系统纳入企业信息化总体规划中，通过整体规划提升该类系统的应用效果及应用范围。

(3) 基于对信息化工作流程的改进

传统的信息化系统在使用上往往受时间和空间的限制，信息化流程与实际工作往往不能有效结合，存在一定的时间差，影响了信息传递效率。移动信息化规划则利用移动终端即时在线、便携和地理位置定位等功能，将原有的信息化流程环节转移到移动终端，提高信息流转的效率，支撑企业的决策。

(4) 基于对工作效率的提高

在企业某些环节中，业务信息量大，数据精度要求高，往往需要企业员工对数据进行查询、交互，特别是在野外条件下会对员工的工作效率造成限制。移动信息化系统则通过移动终端的特点，实时与企业内部数据中心连接，方便企业员工随时、随地能够查询企业的相关信息及地理位置信息，将需要手工记录和查询的信息转移动终端查询，提升员工的工作效率。

(5) 基于对客户多样性需求的满足

对客户快速多样需求的满足是提高企业竞争力的关键因素，特别是在企业特殊的地理环境下，对客户满意度提升需要企业从服务质量、服务时间和服务方式等多个方面入手，将相关的服务及时传递用户。企业移动信息化建设必须从以上几个方面入手，提高及创新服务质量及服务方式。

(6) 基于对过程监控的提升

企业某些业务流程中，部分业务环节或流程往往缺乏可靠的监控或者监督。而移动终端所具有的地理位置等功能，可以随时对相关的人员和物资等进行有效的监控，提升企业的管理水平。

(7) 基于向人性化工作方式的转变

随着企业管理水平及员工素质的提高，企业的发展需要越来越注重对员工个人潜能的发挥。移动信息化应用的规划须在现有信息化系统基础上，将员工从固定的时间、空间中解放出来,充分尊重员工个人的安排,最大程度发挥员工的个人工作效能。

具体业务规划功能图(略)。

6. 移动硬件网络体系建设

根据移动信息化技术总体框架,结合企业基础设施现状,对企业移动信息化整体物理部署架构进行统一规划,充分利用公司信息网络资源并降低实施推广和运行维护成本,满足公司移动信息化业务系统的建设需求,如图 11-7 所示。

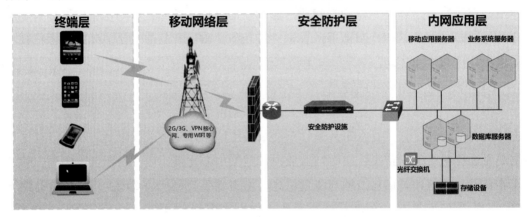

图 11-7 移动信息化总体物理部署架构图

如图 11-7 所示,移动信息化总体物理部署架构按照移动信息化典型物理部署架构进行设计,分为终端层、移动网络层、安全防护层和内网应用层 4 个层次。

(1)终端层是移动信息化部署的最外层,是移动信息化应用的前端展示平台,需要按照不同的业务场景选取相应的移动终端开展工作,可采用定制的 SIM 卡和安全 TF 卡接入移动网络层;

(2)移动网络层是实现终端数据与内网数据交互的载体,需要满足不同制式(3G/4G)的移动终端的接入,同时依托移动、联通和电信三大运营商构建企业的 VPN 专线,保证网络的通信质量和通信带宽的畅通;

(3)安全防护层主要利用目前已经在网省部署的安全接入平台和安全隔离装置,根据移动业务系统的具体应用要求选择相应的防护设施,对移动网络层传输到内网的数据进行安全处理或防护；

（4）内网应用层为移动信息化应用提供后台支撑，采用双机互备的策略，保证后台服务的不间断运行。

未来移动信息化应重点进行以下几方面的建设：

- 进行移动终端的选型。确保移动应用的终端设备能符合企业相关应用的场景。
- 进行移动终端功能扩展的研究。针对一些特定业务需求，研究扩展移动终端的特殊功能，如条码识别、RFID 识别和发票打印等，消除移动应用中的终端限制。
- 进行安全隔离装置的选型工作，确保移动信息化数据传输安全、合规。
- 进行不同传输网络的研究工作，包括卫星通信、城市 WiFi 及其他无线网络运营商，弥补公共通信网络的不足。

第一阶段（1 年～2 年）：基础投入阶段

根据移动信息化技术的建设，完善企业在终端层、移动网络层、安全防护层及内网应用层基本的硬件网络架构，在充分利用企业已有资源的情况下，基本保证移动应用、移动安全防护和移动应用开发等目标的实现。

第二阶段（3 年～5 年）：优化提升阶段

根据企业移动信息化建设状况，对已有设备的性能进行充分挖掘，并且未来可能会严重影响移动信息化建设的移动网络、移动终端功能和应用服务器性能等采用新的方式来进行完善和解决，支撑企业移动信息化应用向更高、更深层次迈进。

7．管理保障体系建设

1）组织机构

完善移动信息化建设的组织机构，明确移动信息化职能。

在现有信息化组织机构及根据未来战略需要的调整基础上，设置相对应的移动信息化建设专门领导机构，统筹负责移动信息化建设。领导机构根据移动信息化建设的不同阶段，明确信息化各级机构移动信息化工作职责，确保建设目标及要求能层层分解并传达到各领导机构。

2）项目管理

（1）完善顶层设计，统筹合理规划移动信息化范围。

根据移动信息化战略目标及信息化规划，对移动信息化的总体设计进行不断完善，使移动信息化建设符合企业战略及信息化建设的目标要求。

对移动信息化建设的技术、应用及管理等方面以规划蓝本，对各方面的工作进行评估与完善，统一、有序推进移动信息化建设。

（2）在现有管理流程的基础上，根据移动信息化特点，加大对移动信息化关键环节的管控。

①优化移动信息化建设可研评估体系，突出移动信息化对企业发展以及转型的支撑作用的评估，明确移动信息化对传统信息化的提升和补充作用，确保建设目标明确，避免移动信息化建设陷入无目的建设。

②加大对移动信息化安全的定期评估

根据新技术发展，对移动应用、移动终端和传输网络等进行定期进行评估，分析企业存在以及潜在的安全隐患，及时对相关的安全漏洞进行升级维护。

③调整与完善适合移动信息化建设及运营的考核机制

在现有信息化工作考核内容基础上，根据阶段目标，动态调整各阶段移动信息化工作在考核内容中的权重，引导各级机构准确把握工作重点与范围。

④完善移动信息化建设后评价制度

根据移动信息化的战略定位，对移动信息化提升效果、存在问题等进行科学评价，重点避免移动信息化与已有信息化系统的重复，对于提升效果不明显的移动信息化建设业务领域要适当的控制节奏。

3）运维管理

（1）扩大信息化服务中心职能，补充移动信息化服务内容。

（2）创新应用培训方式。要结合一般终端应用的特点（人性化、应用操作简单），采用网络教学、图片及应用提示等多种方式引导用户的系统使用。

（3）利用技术条件，跟踪用户的使用习惯，对系统操作进行完善和改进。

（4）提高服务及时性，及时尽快解决移动终端使用中的问题。

4）资源管理

（1）通过外聘、内部提拔和培养等方式加大企业移动信息化规划人才的建设，准确把握未来企业移动信息化建设方向和范围；

（2）注重企业研发人才培养，加大企业对移动信息化关键技术与企业业务的结合及转化、新技术与企业移动信息化融合及相互转化研究，拓展企业移动信息化的深度；

（3）增强基层信息化部门人员的移动信息化知识，确保移动信息化内部有效的实施、运营。

5）资金管理

企业统一安排资金，确保重点应用及基础研究的基础上，探索新的资金筹措方式，确保移动信息化建设。

6）设备管理

移动信息化网络和服务器等基础设备的投入由企业统一规划和配置，最大限度发挥企业已有设备的性能；

对于个人移动终端设备，合理规划各类应用和各层次用户所需要的终端类型，采取不同的方式完成不同终端类型的配置。

7）技术研究

（1）对移动信息化建设中的应用平台、移动网络、移动终端优化升级、移动安全等基础与关键环节等进行基础投入及研究；

（2）对大数据、物联网、BI、云计算、虚拟化和BIM等新技术与移动信息化的交互影响的研究，研究其对移动信息化的影响机制及效果，拓展移动信息化在企业未来新业务及技术领域内的应用。

8）标准规范

对于标准的制定或修改，在考虑企业已有信息化系统建设以及维护的基础上，按重要性从"遵从、适度修订和补充完善"等三个层次来进行。

（1）对于信息化标准体系中信息资源标准、基础设施标准、项目管理标准、建设管理标准及通用管理标准应在实际中按照遵从原则进行。在已有标准基本适合移动信息化的前提下，在实际执行中应严格按相关标准来进行。

（2）对于信息化标准体系中的信息应用标准、规划管理标准、评估考核标准及岗位职责等，应根据已有标准的内容以及移动信息化的标准体系对局部、细节的内容或参数进行修订，使之涵盖移动信息化的相关内容。

（3）对于信息化标准体系中的信息安全技术标准、信息安全管理标准及作业标准，应针对实际工作要求，对相关的内容进行针对性的补充完善，使其既能满足已有信息化系统的升级和维护，又能指导移动信息化的建设与实施。

11.3.3 实施部分内容

理论上，企业移动信息化建设存在多种建设路径及方式。但在实际中，企业移动信息化实施路径及实施方法，受企业自身相关资源条件以及行业等外部条件的影响，从基本点实施成本以及实施难度来说，企业应对各种影响因素进行评价，从中选取最适合企业本身的实施路径及方法。

1．实施路径主要影响因素

实施路径选择主要是选择移动信息化的建设层次，明确移动信息化规划中各环节的建设顺序。规划顺序的前提是对移动信息化规划的各个体系进行分解，明确各部分的建设内容，进而理顺建设顺序，制定实施的总路径。

（1）移动中间件平台

移动中间件平台建设根据相关的工作流程，大概可以分为需求分析、平台建设和部署调试等三个环节。

（2）移动安全防护体系

移动安全防护体系主要由四大部分组成：移动终端安全、移动接入安全、安全管控和安全管理制度等四方面组成。主要相关工作分为移动终端安全设计、移动终端安全建设、移动终端安全部署实施；移动接入安全设计、移动接入安全建设和移动接入安全部署实施；安全管控体系设计、安全管控体系建设和安全管控体系部署实施；移动终端管理制度建设、人员培训及制度建设等相关内容。

（3）移动应用系统

移动应用系统主要包括各个系统的规划、需求分析、详细设计、开发、实施和运维等各个环节。

（4）硬件网络建设

硬件网络建设主要包括移动终端设备、移动网络设备、安全装置设备、服务器设备的购置与部署。

（5）管理保障体系

管理保障体系主要涉及组织结构、项目管理、运维管理、资源管理及技术研究等各个方面。

2．实施方法主要影响因素

移动信息化实施方法主要是指企业充分考虑成本、建设难易程度和建设风险等各因素，通过对企业内外部相关影响因素的分析及综合评价，选择合适的移动信息化建设方式及模式，尽可能减少风险及投入，确保移动信息化建设的水平。

（1）内部因素

移动信息化建设受企业内部因素的影响主要来自于企业已有移动信息化资源：包括服务器、移动终端、已建移动应用系统以及相关的组织机构、标准规范等。

（2）外部因素

企业进行移动信息化建设的外部因素影响往往大于企业内部因素的影响，企业移动信息化外部因素主要包括以下两个方面。

- 硬件技术：包括移动终端、移动网络、服务器和安全设施等设备的更新与发展，是移动信息化发展最直接显现的因素。
- 软件因素：主要包括技术发展和技术成熟度等因素。

企业内外部因素对企业移动信息化建设的各个环节的影响并不是统一的，对每个环节的影响往往表现在相关的几个关键因素之中。

实施部分主要是安排各项工作的先后顺序，具体工作包括 5 个领域，分别是移动中间件平台、移动安全防护体系、移动应用、硬件网络和管理保障。

3．移动应用实施（举例说明上面两个小标题的分析思路）

（1）主要影响因素分析

移动应用影响因素主要包括各个移动应用的规划、设计、建设、实施和运维等环节，以及各个因素间的相互影响。由于系统应用一般有比较成熟的建设流程，从企业整个角度来说，影响移动信息化建设路径的因素来自于如何确定移动应用建设的优先级。决定企业移动应用建设优先级的因素主要来自于对业务产生的影响和对实施带来的难度两方面。

需求紧迫度是指业务本身对建设业务应用系统需求的紧迫程度，通常取决于业务应用是否能切实解决业务运作中的问题。衡量这一因素要源于对业务需求的理解和综合把握。

收益提升度是指业务应用的建设、改造或深化对业务本身带来的收益的提升程度。衡量这一因素源于对业务收益提升的理解以及对现有业务应用的改进程度的综合考虑。

技术难度是指实施业务应用过程中技术上的难度，如技术上是否成熟、先进、可靠和安全等。衡量这一因素通常取决于该业务应用是否有成功的实施经验、案例或可采用成熟的商用产品来简化实施过程。

管理难度是指实施业务应用过程中管理上的难度，包括业务转变准备程度等。衡量这一因素通常取决于实施过程是否会涉及大量组织、流程及制度上的变化。

转变风险是指实施移动业务应用带来的转变上的风险，如人员接受度等。衡量这一因素通常取决于移动业务应用的实施是否会涉及员工岗位调整、职责变化、现有习惯的改变以及对现有系统使用习惯的冲击等。

按照上述关键因素对该企业未来移动业务应用进行总体宏观评估，评估指标分为高、中、低三档，结果如表 11.10 所示。

表 11.10 企业移动应用评估指标表

序号	业务领域	移动业务应用	业务影响		实施难度		
			需求紧迫度	收益提升度	技术难度	管理难度	转变风险
1	资产	进度管理移动应用	中	中	中	低	低
2		质量管理移动应用	低	中	中	中	中
3		安全管理移动应用	中	中	中	低	中
4		现场物资管理移动应用	中	高	中	中	低
5		采购管理移动应用	中	高	高	中	中
6		招标管理移动应用	低	中	中	高	中
7		配送计划管理移动应用	高	高	低	中	低

续表

序号	业务领域	移动业务应用	业务影响		实施难度		
			需求紧迫度	收益提升度	技术难度	管理难度	转变风险
8	资产	配送执行任务应用	高	高	低	中	低
9		现场交接单移动应用	高	高	低	中	低
10		库存盘点管理移动应用	高	高	中	中	低
11		仓位盘点管理移动应用	高	高	中	中	低
12		设备管理移动应用	中	中	低	低	低
13		设备维护移动应用	中	中	高	中	中
14		安全监督移动应用	中	中	中	中	中
18		工作票、操作票管理移动应用	中	中	中	中	低
19	营销	业务包装移动应用	中	中	高	中	中
20		抄表管理移动应用	高	中	高	中	低
21		用电检查管理移动应用	中	中	高	中	低
22		掌上营销管理	高	高	中	中	低
23		移动抢修	高	高	中	中	中
24		移动巡检	高	高	中	中	低
25		移动作业	高	高	高	中	中
26		实时指标监控移动应用	高	高	中	中	低
27	协同办公	移动OA	高	高	高	中	低
28		工作管理移动应用	中	高	中	中	低
29		移动会议室	高	中	中	低	低
30		移动查询	低	中	中	中	低
31	人力	移动考勤	低	中	中	高	中
32		移动培训管理	中	中	中	中	低
33	财务	凭证管理	低	中	低	中	中
34		移动审批管理	高	高	中	低	低

（2）实施路径建议

将上述评估结果进行组合，各业务应用系统在业务收益和实施难度两大因素上的综合位置如图11-8所示。

由图11-8可知，移动业务应用建设的最优区间包含资产管理系统、营销管理系统、协同办公系统和财务管理系统中的部分移动业务应用。较优先区间主要包含资产管理系统和营销管理系统的部分业务应用。在综合考虑了实施难度、业务影响及先后制约关系后，建议企业的移动业务应用建设可以大致分为以下三个层级，如图11-9所示。

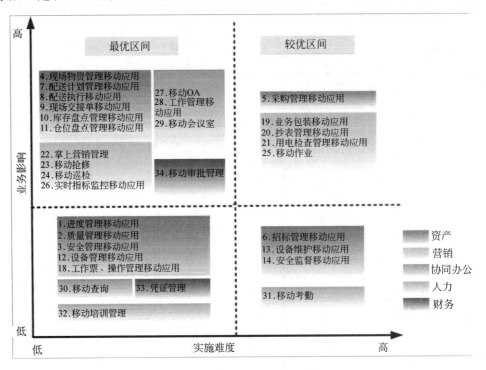

图 11-8　实施路径建议图

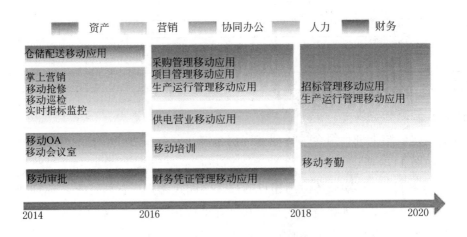

图 11-9　企业移动应用层级图

11.4 第四步：组织项目验收

组织项目验收工作将从成立验收委员会、验收方法及项目验收等方面对该项目的结尾工作进行了阐述。

1．成立项目验收委员会

（1）由招标人组织成立验收委员会。
（2）由验收委员会最终决定评审申请书和验收申请书中的验收项目是否达标。

2．验收方法

（1）本项目评审和验收工作由咨询报告评审和试运行验收等构成。所有评审和验收工作由招标人负责组织完成。
（2）招标人在收到乙方评审申请书或验收申请书后5个工作日内答复乙方。
（3）评审和验收工作流程。
（4）依据"项目进度"中所述之进度要求，乙方认为自身所做之工作均达到或超过本文件相关要求，可向招标人提交评审申请书或验收申请书。
（5）申请书包括但不限于以下内容：评审/验收方案、评审/验收内容、评审/验收标准、乙方参与评审/验收人员等。
（6）若招标人认为申请书中内容未满足项目要求，则乙方必须对申请书做出修改，直至取得招标人认可后，方可再次提交申请书。
（7）若验收委员会签发整改意见书，则乙方必须按整改意见书中意见对设计成果进行修改、完善，并再次提交评审申请书或验收申请书。
（8）若验收委员会签发评审证书或验收证书，则表示项目设计工作通过评审，可依项目里程碑计划进入项目下一阶段。

3．项目验收

（1）项目终验流程

乙方负责在项目终验前将咨询报告和相关技术文件汇集成册交付招标方。

项目通过条件：招标方对乙方提交的咨询报告组织专家进行评审直至专家评审通过。若验收不通过，乙方进行整改。

（2）项目交付项

前期文档：

《移动信息化在企业中的应用和研究——技术方案》

《移动信息化在企业中的应用和研究——工作方案》

中间成果：

《移动信息化在企业中的应用和研究——移动应用战略》

《移动信息化在企业中的应用和研究——规划路线图》

《移动信息化在企业中的应用和研究——实施路径和方法》

《移动信息化在企业中的应用和研究——新技术应用》

标准规范：

《移动信息化在企业中的应用和研究——设备选型管理规范》

《移动信息化在企业中的应用和研究——安全接入管理规范》

《移动信息化在企业中的应用和研究——现场作业应用规范》

《移动信息化在企业中的应用和研究——应用平台开发规范》

项目管理文档：

《移动信息化在企业中的应用和研究——会议纪要》

《移动信息化在企业中的应用和研究——项目计划》

《移动信息化在企业中的应用和研究——风险报告》

《移动信息化在企业中的应用和研究——验收报告》